a
an apple

the apple

the

my -s

apples

my apple

some pieces of apple

some

ネイティブの感覚で
冠詞が使える

ロス典子 Ross Noriko 著

ベレ出版

目次

第 **I** 章

絵からイメージする

I-1　分離しているイメージと
　　連続しているイメージ

1-1　食品

I−2 連続しているイメージと 分離しているイメージ

英語からイメージする

II-1 virtual（バーチャル）なイメージ、 actual（アクチャル）なイメージ

1 分離しているイメージが強いもの

2 連続しているイメージが強いもの

限定詞 some/a/the/my が
与えるイメージ

1 ネイティブの見ている世界へようこそ

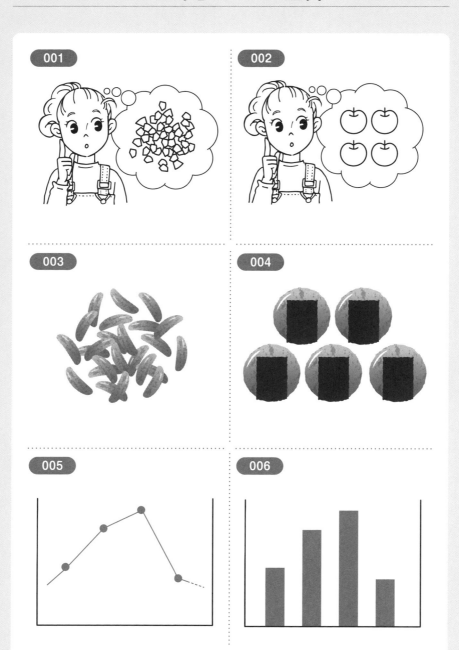

▶ たかが -s、されど -s

　あるときアメリカ人の夫の父親となごやかに会話をしていたときに私が "I like apple." と言った途端に会話が途切れてしまいました。不思議に思い、あとでその理由を夫に聞くと「父は君の言った意味がはじめわからなかったんだよ。それから君は英語があまりできない人だから、I like apples. のことを言っていたのかな？と思ったのかもしれない」と言われました。たかが -s、されど -s です。-s をつけるかつけないかで、会話の流れが変わってしまったのです。

　ネイティブスピーカーは、I like apples. のように -s をつけてはじめて、頭の中で左ページの絵 2 のようなりんごが想像できるのです。-s をつけないで I like apple. と言うと、ひどく特殊な場合だけに、絵 1 のように細かく切ったぐちゃぐちゃのりんごを思い浮かべることができるそうです。

　英語の辞書に載っている [apple] は辞書原型です。実際の文では、この本で説明していくように -s や a や the や my などを使い、apples, an apple, the apple, my apple などにします。実際に使うことばと辞書原型の単語とを区別するために、この本では辞書原型の単語には [ ] を使って [apple] のように記述します。

▶ 「おせんべい」と「柿の種」

　上記の会話の経験をきっかけに -s を使うことに注意していたところ、夫が "One peanut among some *kakinotane* tastes good!"「いくつかの柿の種とピーナツ 1 個を一緒に食べるとおいしい！」と言ったときに、すかさず私は、some は「何個かの」だから、*kakinotane* には -s をつけて、*kakinotanes* となるのではないかと尋ねました。

ところが夫が言うには、絵 4 のように、ひとつひとつが独立しているおせんべいは some *osembeis* と -s をつけるが、絵 3 のような柿の種は 1 枚 2 枚とは数えにくいので uncountable なのだと。夫がほとんど初めて見る日本の食べ物に対してもすぐに countable と uncountable の区別をつけることができることに、私は大変驚きました。それまで英語には「決まった数えられる名詞」と「決まった数えられない名詞」があると思い込んでいたからです。「数えられる名詞が 2 つ以上ある場合には -s をつける、数えられない名詞には -s はつかない」と、私は中学校で習いました。そして空気や水、砂糖や塩などの一部のものは数えられない名詞で、多くのものは数えられる名詞だと思い込んでいました。そして「idea は数えられる可算名詞 countable、information は数えられない不可算名詞 uncountable」のように、問題となる単語が（countable）なのか、（uncountable）なのか、ひとつひとつ覚え

ていきました。

日本語の「おせんべい」も *osembeis* と -s をつけるのだから、どのような名詞が countable で、どのような名詞が uncountable なのかパターンがあるのだろうと思いました。より詳しく知るために様々な単語を多量に調べたところ、なんと、ほとんどの名詞は countable と uncountable の両方の意味があることを知ったのです。countable だけしかない名詞、uncountable だけしかない名詞を探すほうがむしろ難しいくらい。名詞は数えられる名詞（可算名詞）と数えられない名詞（不可算名詞）に分けられるものだと思い込んでいた私にとって、これはひどくショックな発見でした。

この経験から、単語によって数えられる名詞なのか数えられない名詞なのかが決まっているのではなく、英語のネイティブスピーカー（以下、ネイティブ）は初めて出会う「もの」でも、イメージによって選択する基準があるということに気づかされたのです。この気づきから、数えられる countable なイメージの共通の特徴と、数えられない uncountable なイメージの共通の特徴はどのように違うのか、私は探求し始めました。

▶ discrete なイメージ、continuous なイメージという見方

その当時は言語学者 Stephen Krashen の Acquisition Theory（第二言語習得説）が認め始められた頃で、私が参加した言語学会で、「acquisition（言語習得）は、習得を始めたら終わるときがある discrete（ディスクリート）なものなのか？あるいは learning のようにずっと続く continuous（コンティニュアス）なものなのか？」と、長い間議論をしていたことも、私の興味をひきました。そしてその議論に何度も出てくることばに「discrete ディスクリート」「continuous コンティニュアス」があり、それらの意味を辞書で調べたところ、ジーニアス英和大辞典（大修館書店）では

- discrete：分離した、別々の、明確に区別された
- continuous：連続的な、断続的な、切れずに続いた、繰り返される

と載っていました。

discrete（ディスクリート）なグラフは p.10 絵 6 のような棒線グラフです。そして continuous（コンティニュアス）なグラフは絵 5 のような折れ線グラフです。

私はこの言語学会での議論を通して、acquisition（第2言語習得）という概念の言語は、棒線グラフのように分離している discrete なイメージなのか、折れ線グラフのように連続している continuous なイメージなのかを、言語学者たちが決定しなければならないほど、重要なことなのだということがわかったのです。

　ちなみに acquisition には、数えられる countable な意味と、数えられない uncountable な意味の両方があります。同じ単語でも異なるイメージの「もの」「こと」を表現します。

　そこで私は、数えられる名詞 は「分離している」discrete なイメージのもの、数えられない名詞 は「連続している」continuous なイメージのもの、であることに気づきました。
英文法では「可算名詞」「不可算名詞」というカテゴリーで習ってきましたし、辞書では［C］［U］と区別されていますが、実際は、ネイティブの見ている見方と同じように、「もの」「こと」を棒線グラフのように分離している discrete（ディスクリート）なイメージのものなのか、折れ線グラフのように連続している continuous（コンティニュアス）なイメージのものなのか、というイメージでとらえたほうが、その「もの」や「こと」をわかりやすくとらえることができるということがわかってきたのです。

2 ネイティブが冠詞を選ぶ基準／クライテリアとは?

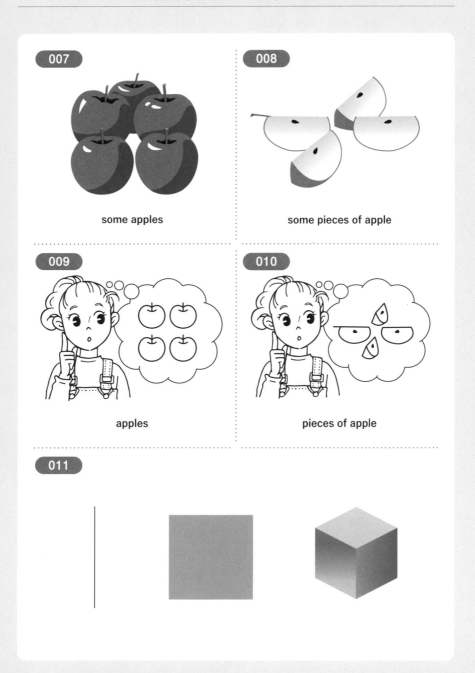

007
some apples

008
some pieces of apple

009
apples

010
pieces of apple

011

▶「もの」「こと」のクライテリアを明確につかむことができると、ネイティブと同じ英語の世界を共有できる

ネイティブはりんごやコップ、水などの名詞を言うときに、自分の表現したいイメージによってことばを選んでいます。ネイティブの場合、左ページの絵のように、りんごはりんごでも状態の異なるりんごをイメージします。そして some apples, apples, some pieces of apple, pieces of apple のように異なることばで表現します。

ネイティブはその時々で自分の言いたい「もの」「こと」のイメージを的確に表現するためにことばを選んでいます。ことばを選ぶためのクライテリア（選ぶ基準）を使っているのです。

ちなみに私たち日本語のネイティブスピーカー（以下、日本人）には、「もの」は4通りに見えています。幼いときに習得してしまったので普段は意識しませんが、ものを数える場合に「もの」を4通りのイメージで見ていることがわかります。
例えば「1本」と言えるもの、「1枚」と言えるもの、「1個」と言えるもの、「1点」と言えるものを思い浮かべてください。

- 「1本」は鉛筆、箸、柱、煙突など細長く線的なもの
- 「1枚」は紙、布、皿、葉など平らな面的なもの
- 「1個」はりんご、消しゴム、ボール、キャラメルなど立体的なもの
- 「1点」は衣服、道具、品物、製品などを点的に見る場合

これら「線」「面」「立体」「点」は、日本語の数を表現する場合のクライテリア（選択基準）となるイメージです。つまり左ページの絵11のように、「もの」を「線」と見る場合は1本2本、「面」と見る場合には1枚2枚、「立体」と見る場合には1個2個と数えます。逆に1本2本と数えるものは、鉛筆のように線的なものを、1枚2枚と数えるものは、紙のように面的なものを、1個2個と数えるものはりんごのように立体的なものを思い浮かべます。このように日本語のクライテリアとなるイメージを身につけると「もの」を日本語の世界で見ることができるようになり、複雑に感じる数え方がより簡単にできるようになります。

　実は英語のネイティブも同じように、「もの」は左ページの絵のように4通りのイメージに見えています。名詞を使うときに語尾に -s をつけるつけないか、名詞の前に数、some, a, the, my などの限定詞 determiners を使うか使わないかを決定

する4通りのイメージ、英語のクライテリアがあります。

　p.14 絵7から10を見てください。4通りの異なるりんごのイメージです。私た
ち日本人にはどのイメージも「りんご」と言えますが、ネイティブは、私たちと異
なるイメージでりんごが見えています。そしてそれぞれのりんごのイメージによっ
て five apples, four pieces of apple, apples, pieces of apple のように、数を使っ
たり使わなかったり、-s をつけたりつけなかったりと、ことばを変えてりんごを表
現します。

　ネイティブが名詞句 [限定詞(some)＋ 名詞(apple)＋ (s)] を発するとき、こと
ばを選ぶためのクライテリア(選択基準)は4つあります。
　その「もの」「こと」は、
　　1) 分離していて discrete(ディスクリート)なイメージなのか
　　2) 連続していて continuous(コンティニュアス)なイメージなのか
　　3) 具体的で actual(アクチャル)なイメージなのか
　　4) 抽象化して virtual(バーチャル)なイメージなのか
です。

　ネイティブは常に「もの」「こと」をこれら4つのクライテリアを用いて、p.14
の絵のような4通りのイメージで見ているなんて、ちょっと信じられませんよね。
英語の世界の「もの」「こと」が日本語とは異なるイメージだと分かっても、彼ら
と同じようなイメージで「ものごと」を見ることは、非常に難しく感じます。

　私は今でも正しい英文を書かなければならないときには、ネイティブのチェック
が必要です。チェックしてもらうと、いつも名詞句(限定詞＋名詞＋s)を直されま
す。直されても直された理由がよく理解できないと、同じ誤りを繰り返してしまい
ます。　それでも英語をずっと学習していれば、いつかわかるだろうと思い続けて
います。

　1999 年に「ネイティブの感覚で前置詞が使える」を出版して以来、今まで増刷
するたびに、ネイティブが名詞句の間違いを発見し、訂正し続けています。a や
the はネイティブにも難しいことだからと、理解することをあきらめてしまいそう
でした。でも、あきらめきれずに長年こだわり取り組んでいます。非常に奥深い名
詞句ですが、今の私がわかっていることを何とかわかりやすく提示して、さらに理
解を深めてみようと思い、本書を作り始めました。

本書では、ネイティブが名詞句のことばを選ぶためのクライテリアとはどのようなイメージなのかを詳しく紹介していきます。名詞を使うときのクライテリアとなるイメージがどういうことかを知ることで、ネイティブが見ている世界、視点をつかんでいきます。ネイティブのものの見方を少しでも理解して、ネイティブが見ている英語の世界を共有できるクライテリア（選択基準）を身につけましょう。クライテリアを身につけていくと、ネイティブの言う「もの」「こと」のイメージがより明確につかめることができるようになり、今まで以上に自分の伝えたいことをより的確に伝えることができるようになります。ただし、クライテリアを身につけるためにはトレーニングが必要です。繰り返し繰り返し、本書の絵と英語を眺めてください。

　夕焼けをイメージしてください。そのイメージをことばで説明するのは至難の技です。名詞句のクライテリアとなるイメージをことばで説明するのも非常に難しく、むしろ絵の例からイメージを洞察してください。ほかの数多くの名詞にも応用できるように、日本語であえて説明してみました。日本語の説明はイメージをわかりやすくするための参考にするだけで、説明のことばにとらわれないでください。そして身の回りの「もの」や「こと」を英語のクライテリアを通して見てください。辞書も参考にしてください。繰り返し繰り返し、本書の絵と英語を眺めていくことで、あるときイメージの違いを自分自身で洞察することができ、確実にクライテリアが身についていきます。そうすると「もの」「こと」が今までとは違って見えてきて、英語の世界に入り込むことができるようになります。

　これから本書では、英語のことば「discrete ディスクリート 」「continuous コンティニュアス 」「actual アクチャル 」「virtual バーチャル 」を使ってクライテリアとなるイメージを説明し、さまざまな例を提示していきます。それぞれのイメージを日本語ひとことでは到底、表現することはできません。本書全体のさまざまな絵を見ながら、新しいイメージ、英語のクライテリアを学習し洞察し、自分のものにしていきましょう。

3 新しいことばのイメージを知る

discrete ディスクリートなイメージ

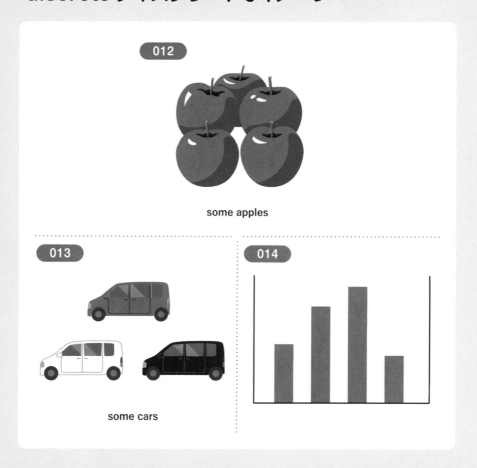

012

some apples

013

some cars

014

境界線で分離されて数えられる。

discrete：分離した、別々の、明確に区別された

『ジーニアス英和大辞典（大修館書店）』

continuous コンティニュアスなイメージ

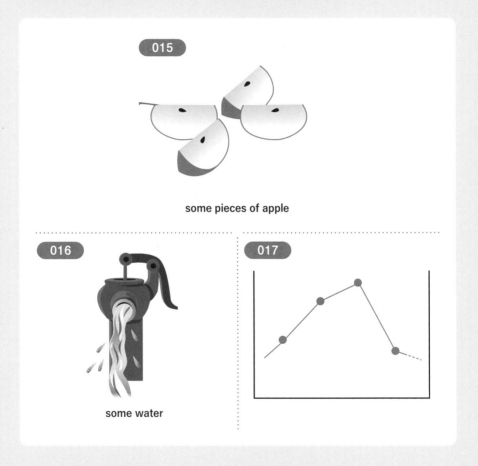

015

some pieces of apple

016

some water

017

連続していて数えにくい。
continuous：連続的な、断続的な、切れずに続いた、繰り返される
『ジーニアス英和大辞典（大修館書店）』

actual アクチャル なイメージ

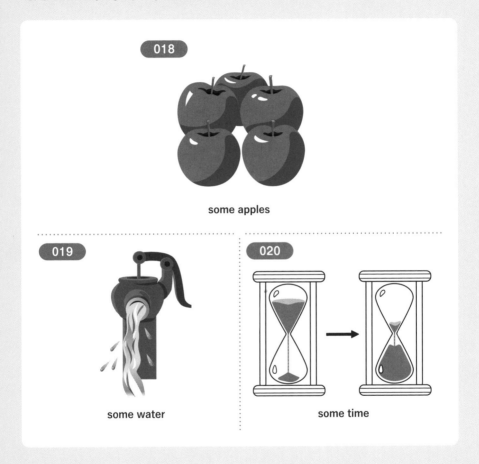

018
some apples

019
some water

020
some time

具体的に実在するもの。
actual:（理論上、想像上、のことでなく）実際の、現実に生じた「存在する」
『ジーニアス英和大辞典（大修館書店）』

virtual バーチャルなイメージ

頭の中で抽象化したイメージのもの。
virtual：嘘の、仮の、仮想の、実質上の
　　　　『ジーニアス英和大辞典（大修館書店）』

第I章

絵から
イメージする

1-1 食品

| Step 1 | 丸ごとの／りんご、ケーキ、パン、動いている鶏など

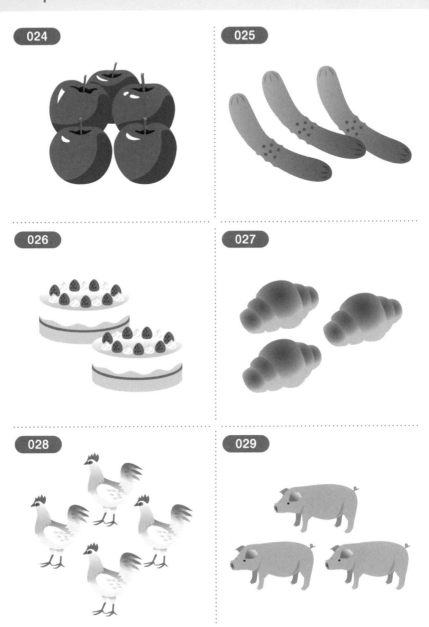

024

025

026

027

028

029

▶ 分離しているイメージ

　左ページのりんご、きゅうり、ケーキ、ロールパン、にわとり、豚を日本人は、そして英語のネイティブはそれぞれどのように見るでしょうか。6つの絵の共通のイメージを洞察してみましょう。

　日本人はりんごやケーキ、ロールパンを「立体的なもの」に見て、りんご5個あるいは何個かのりんご、ケーキ2個、何個かのケーキ、ロールパン3個、のように言い、きゅうりは「線的なもの」に見て、きゅうり3本あるいは何本かのきゅうり、のように言います。
　英語のネイティブは以下のように見ます。

- **ひとつひとつがはっきりと分かれて、独立している。**
- **個々に分ける明確な境界線がある。**
- **棒線グラフのようなイメージである。**
- **分離している discrete なイメージのものである。**
- **数えられる countable なものである。**

　ネイティブが見ている絵24から29のりんごやきゅうり、ケーキ、ロールパン、にわとり、豚は、分離している discrete なイメージのものです。このようなイメージのりんごやきゅうり、ケーキ、ロールパン、にわとり、豚には語尾に -s をつけて five apples, three cucumbers, two cakes, three rolls, four chickens, three pigs と言います。
　丸ごとのりんごやケーキ、ロールパンが何個か、きゅうりが何本か、生きているにわとりが何羽か、豚が何匹あるいは何頭かのように、数をあいまいに言う場合は、some を使って some apples, some cucumbers, some cakes, some rolls, some chickens, some pigs と言います。
　絵のように具体的で actual な丸ごとのりんごやきゅうり、ケーキやロールパン、生きているにわとりや豚には具体的な数や、some, many, a lot of, several, a few などの数を表すことばを使います。2つ以上あるときは名詞の語尾に -s をつけて、two apples, some apples, two cucumbers, several cucumbers, many cakes, a lot of rolls, four chickens, a few pigs などと言います。
　左の絵を参考にして、分離している discrete なイメージを洞察しましょう。

1-1 食品

Step 2 切った／りんご、ケーキ、パン、鶏肉など

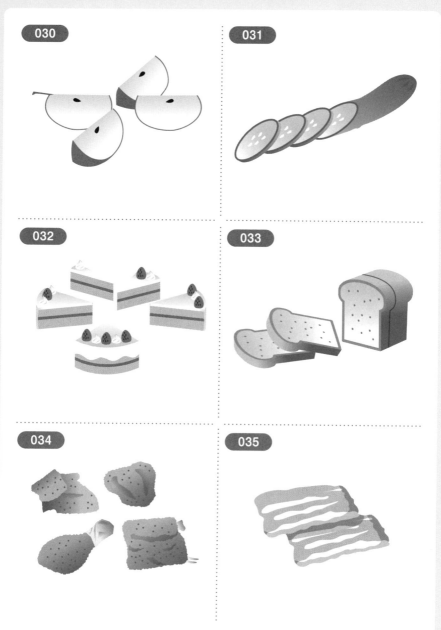

030

031

032

033

034

035

▶ 連続しているイメージ

　日本人、そして英語のネイティブは左ページの絵 30 から 35 のりんごやきゅうり、ケーキや食パン、鶏肉や豚肉をどのように見るでしょうか。共通のイメージを洞察してみましょう。

　日本人はりんご 4 切れ、ケーキ 5 切れ、鶏肉 4 切れ、あるいは何切れかのきゅうりやパン、鶏肉、豚肉と言います。前述の 2 個 3 個と数える丸ごとのりんご、丸ごとのケーキ、4 本 5 本のきゅうり、6 羽 7 羽と数えるにわとり、8 匹あるいは 8 頭と数える豚とは、数え方を変えます。

　英語のネイティブは左ページの絵のものを以下のように見ます。

- ひとつのものからいくつかに切ったりんごの果肉、きゅうり、ケーキ、パン、鶏肉、豚肉である。
- 切ったりんごの果肉、きゅうり、ケーキ、パン、鶏肉、豚肉は、さらに半分、さらに細かく切れる。そして切った形はさまざまに異なる。
- 切ったりんごは、形は異なっても、それぞれ同じ味や匂いがして、それぞれの質は同じである。切ったきゅうりやケーキ、パン、鶏肉、豚肉も同様である。
- p.24絵24から29は、ひとつひとつのりんごやきゅうり、ケーキ、ロールパン、にわとり、豚は独立していて、確定した境界線が明確に個々を分離しているが、左ページの絵30から35の切ったりんごの果肉やきゅうり、ケーキやパン、鶏肉や豚肉はさまざまな形に切ることができるので、確定した境界線がなく、個々はあいまいで明確ではない。
- りんごの果肉、切ったきゅうり、切ったケーキ、食パン、鶏肉、豚肉は連続しているcontinuousなイメージである。
- りんごの果肉、切ったきゅうり、切ったケーキ、食パン、鶏肉、豚肉は数えにくいuncountableなものである。
- 数える場合にはsome pieces of, four pieces ofなどの数量を表すことばを使う。

　左ページの、連続している continuous なイメージの
　りんごの果肉は some pieces of apple, four pieces of apple、
　切ったきゅうりは some slices of cucumber, four slices of cucumber,
some cucumber、
　切ったケーキは some pieces of cake, five pieces of cake, some cake、
　切ったパンは some slices of bread, two slices of bread, some bread、

　　鶏肉は some pieces of chicken, four pieces of chicken, some chicken、

　　豚肉は some slices of pork, two slices of pork, some pork

と言います。

　　some や 数量を使っても apple や cucumber や cake, bread, chicken, pork に –s がつかないことに注意しましょう。

　　p.26 の絵を参考にして、連続している continuous なイメージを洞察しましょう。

　　p.24 絵 27 と p.26 絵 33 のパンを見てください。パン some bread は連続している continuous なイメージで、一斤のパンは a loaf of bread、二斤では two loaves of bread と言います。

　　分離している discrete な some breads はいろいろな種類のパン some kinds of bread の意味になります。

　　p.24 絵 27、分離している discrete なパンは some buns、some rolls と言います。

　　p.24 絵 29 と p.26 絵 35 を見てください。

　　生きている豚は pigs で、肉になるとことばが変わり pork と言います。生きている牛は cows で、肉は beef です。

　　生きていても肉でも同じ単語を使う chickens/chicken, rabbits/rabbit, dogs/dog, cats/cat のような動物は使い方に注意が必要です。

　　I like dog. のように語尾に -s をつけないと、continuous な連続しているイメージになり、犬の肉や皮のイメージになってしまいます。

1-1 食品

イメージを比べてみる

036

some apples

037

some pieces of apple

038

some cakes

039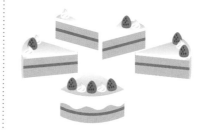

some pieces of cake

040

some chickens

041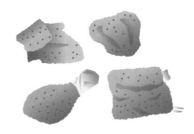

some pieces of chicken

▶ りんごと apple

　左ページの絵 36、37 は日常で見かけるりんごです。描かれたりんごを日本語で表現する場合、絵 36 は何個かのりんごとか、りんご 5 個、りんご 5 つ、絵 37 はりんご 4 切れとか、りんご 4 つ、何切れかのりんごなどと表現できます。

　1 個、2 個、ひと切れ、2 切れ、ひとつ、2 つなど、日本語では数え方の表現が多様にありますが、表現したい「もの」は同じことばである「りんご」で表現できます。

　ところが英語ではりんごを常に apple と表現することはできません。英語の場合、りんごはりんごでも、状態によって表現することばが変わります。表現したいりんごの状態によって、apple の語尾に -s をつけるのかつけないのかを選ばなければなりません。

　ではネイティブはどのようなりんごの状態のときに、some apples のように –s をつけ、どのようなときに some pieces of apple のように apple に -s をつけないのでしょうか。

　絵 36、38、40 のように分離している discrete なイメージのものには some apples, some cakes, some chickens のように –s をつけ、

　絵 37、39、41 のように連続している continuous なイメージのものには some pieces of apple, some pieces of cake, some pieces of chicken のように、–s をつけないのです。

果物、野菜の数え方

ちなみに、果物や野菜を数える場合、形によって特別な言い方があります。

discrete なイメージで countable なものでは、例えば

　　a bunch of grapes（ぶどう一房）　some bunches of grapes（ぶどう数房）
　　a bunch of bananas（バナナ一房）　some bunches of bananas（バナナ数房）
　　a head of cabbage（キャベツ 1 個）　some heads of cabbages（キャベツ数個）
　　a head of lettuce（レタス 1 個）　some heads of lettuces（レタス数個）

continuous なイメージで uncountable なものでは、例えば

　　a bunch of spinach（ほうれん草一把）　some bunches of spinach（ほうれん草数把）
　　a head of celery（セロリ一把）　some heads of celery（セロリ数把）
　　a stick of celery（セロリ一本）　some sticks of celery（セロリ数本）
　　an ear of corn（とうもろこし一本）　some ears of corn（とうもろこし数本）
　　a clove of garlic（ガーリック一切れ）　some cloves of garlic（ガーリック数切れ）

1-2 生物

| Step 3 | 木、花、虫、種、草、人など

042

043

044

045

046

047

▶ 分離しているイメージ

　左ページの木、花、虫、種、草、人を英語のネイティブはそれぞれのように見るでしょうか。6つの絵の共通のイメージを洞察してみましょう。

　ネイティブは以下のように見ます。
- ひとつひとつがはっきりと分かれて、独立している。
- 個々に分ける明確な境界線がある。
- 棒線グラフのようなイメージである。
- 分離している discrete なイメージのものである。
- 数えられる countable なものである。

　ネイティブが見ている木、花、虫、種、草、人は、分離している discrete なイメージのものです。このようなイメージの木、花、虫、種、草、人には語尾に -s をつけて two trees, three flowers, four butterflies, five seeds, six weeds, five people などと言います。数をあいまいに言う場合は、some を使って some trees, some flowers, some butterflies, some seeds, some weeds あるいは some people と言います。

　絵のように具体的で actual な木、花、虫、種、草、人は具体的な数や some, many, a lot of, several, a few など、数を表すことばを使います。2つ以上あるときは名詞の語尾に -s をつけて、two trees, some flowers, several butterflies, many seeds, a lot of weeds などと言います。

　生きている人や動物、植物は、生命体として個々に独立しているので、分離している discrete なイメージが強いです。「はじめに」で述べた小さくて数えにくい「柿の種」は数えられない uncountable なものでしたが、45の絵のような小さくて数えにくい「種」some seeds でも、生命体として個々に独立しているので、分離している discrete なイメージになり、数えられる countable なものになります。

　多量の草の種をまとめて言う場合には、数えにくい連続している continuous なイメージにもなり、There is seed in the big bag. と言えます。

　a butterfly, some butterflies は分離している discrete なイメージの虫、蝶々ですが、連続している continuous なイメージでは、泳ぎ方の名称であるバタフライ butterfly をも意味します。

「人」

「人」はいろいろなことばで表現されています。

2人以上は two people, a few people, some people、1人は a person と言います。

1人は a man, 2人以上は two men, some men とも言います。

a man, some men は男性だけを表す場合があります。

それに対して女性は a woman, two women, some women です。

若い人は男の子なら a boy, some boys、女の子なら a girl, some girls です。

子どもは a child, two children, some children です。

1人の場合と2人以上の場合では言い方が変わるので注意しましょう。

「草」

多量の草がまとめて植えられている芝生 the grass は、連続している continuous コンティニュアスなイメージです。和英辞典で「草」と引くと grass と出てきます。英語の grass を日本語で「草」と訳してしまうと、1本2本と数えられる草 a grass, two grasses, のように使いたくなりますが、間違いです。a weed, two weeds, some weeds と言います。

特殊でいろいろな種類の草の場合のみ、discrete ディスクリートなイメージになり、wild grasses と言えます。

1-3 製品と材料

| Step 4 | グラス、アイロン、新聞など

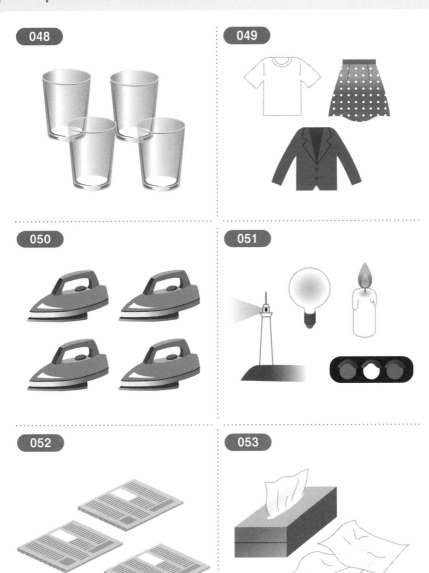

048

049

050

051

052

053

▶ 分離しているイメージ

　左ページの絵 48 のグラス、50 のアイロン、52 の新聞が持つ、共通のイメージはどういうものかを洞察してみてください。

- ひとつひとつがはっきりと分かれている。
- 割る、割れる、壊す、壊れる、破る、破れると役に立たなくなる。
- 個々に独立した明確な境界線がある。
- 棒線グラフのようなイメージである。
- 分離している discrete なイメージである。
- 数えられる countable なものである。

　絵 49 の衣類、51 のあかり、53 のティッシュが持つ共通のイメージはどういうものかを洞察してみてください。

　53 のティッシュを数える場合には a tissue, two tissues, some tissues と -s をつけることを知ったときにはびっくりしました。つまり some tissues は境界線で 1 枚 1 枚分離されている discrete なイメージの製品です。

　くしゃくしゃに丸まっているティッシュは、continuous なイメージになり、some tissue と言えるそうです。つまり -s をつけない some tissue は明確な境界線のないくしゃくしゃのティッシュをイメージします。

　絵 51 のように、電気、ろうそく、灯台、信号など、さまざまな光源となるあかりは some lights と言い、分離されている discrete なイメージです。

　49 の T シャツ、スカート、上着などいろいろな衣服をまとめた衣類 some clothes も分離されている discrete なイメージです。

　衣類 some clothes や、あかり some lights はさまざまな種類のものをまとめて言っています。-s をつけて分離されている discrete なイメージにすると、このようにいろいろな種類のものを表すことがよくあります。

　そして衣服を数える場合には、1 枚は a piece of clothing、2 枚は two pieces of clothing のように clothing を使います。あるいは a skirt, two skirts, a T-shirt, two T-shirts などのように具体的な衣類名を使います。

　48 から 53 の絵のように分離している discrete なイメージのものは、語尾に -s をつけて 4 glasses, some clothes, 4 irons, some lights, 3 papers, a few tissues と言います。

　左の絵のように具体的で actual なものは glasses, clothes, irons, lights, papers, tissues の前に明確な数のほかに some などの限定詞 determiners を使い、語尾に -s をつけ、some glasses, some clothes, some irons, some lights, some papers, some tissues と、おおよその数を言えます。数によって many, a lot of, several, a few なども使えます。

1-3 製品と材料

| Step 5 | ガラス、鉄板、紙など

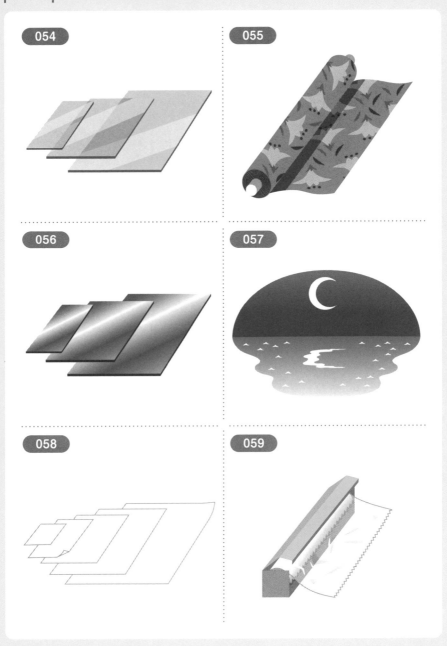

054

055

056

057

058

059

▶ 連続しているイメージ

　左ページの絵のガラスや布、鉄板、光、紙、ラップに共通なイメージを洞察してみましょう。

　ネイティブは以下のように見ています。

- 半分、4分の1に切るなどして使え、個々に独立した境界線がない。
- 大きなサイズのガラスや布、鉄板、紙、ラップも、細かく割ったガラスや小さく切った鉄板や布、ラップ、破った紙、多量の光や少量の光も元のものと質が変わらない。

　このような特色を持つものは連続している continuous なイメージです。
　左の絵のような連続している continuous なイメージのガラスは
　three sheets of glass、布は some cloth、鉄板は three sheets of iron、
光は some light、紙は five pieces of paper、ラップは some wrap と言い、2枚以上で some を使っても、–s がつかないことに注意しましょう。

1-3 製品と材料

イメージを比べてみる

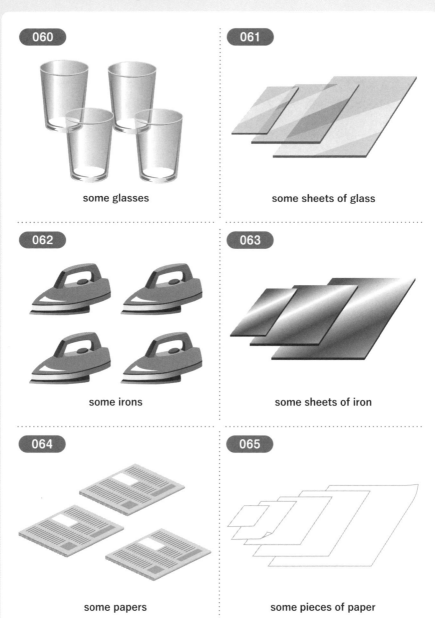

060
some glasses

061
some sheets of glass

062
some irons

063
some sheets of iron

064
some papers

065
some pieces of paper

▶ グラスとガラス

　日本語では同じ材料のものをガラス、コップ、ワイングラスなどとことばを変えて言うものがありますが、英語では glass, glasses のように同じ単語で表します。同様に、鉄板 iron、アイロン irons 、紙 paper、新聞 papers なども -s がつくかつかないかで「もの」が変わってしまい、-s が非常に重要な役割を果たしています。

　左ページの絵 61 のようなガラスや 63 のような鉄板、65 のような紙は、小さく切ることができて、小さく切ったガラスや鉄板や紙は、大きなサイズの元のものと質は変わりません。このような特徴を持つものは、連続している continuous なイメージです。three sheets of glass, three sheets of iron, five pieces of paper のように、ガラスや鉄板や紙には -s がつきません。

　絵 60 のようなコップや 62 のようなアイロン、64 のような新聞は、ひとつひとつがはっきりと分かれていて、個々に独立した明確な境界線があり、割れる、壊れる、破れると役に立たなくなるような特徴を持つ、分離している discrete なイメージです。some glasses, some irons, some papers(=some newspapers)のように -s がつきます。

　ここまでは日本語のガラスとグラスのように、違うことばを使う「もの」が、英語では同じ単語に -s をつけるかつけないかで表現されている「もの」を見てきました。

　ところで、ガラスやグラス、鉄板、アイロン、紙、新聞は目に見えるものです。英語では、目に見えないものを表す場合にも、同じ単語を使って -s をつけたり、つけなかったりします。例えば time と times、life と lives、truth と truths など抽象的な概念にも、continuous なイメージと discrete なイメージの違いがあり、後ほど検討していきます。

　今は左の絵を比較、参考にして、分離している discrete なイメージと連続している continuous なイメージを洞察し、それぞれのイメージをしっかり把握しましょう。抽象的な概念にもそのイメージを応用し、連想することができます。

1-4 製作したもの

| Step 6 | 車、携帯、窓、本など

066

067

068

069

070

071

▶ 分離しているイメージ

　左ページの絵をネイティブの視点で見てみましょう。ポイントはその「もの」は

- 分離している discrete なイメージなのか
- 連続している continuous なイメージなのか

という見分け方です。

　みなさんの周りにある「もの」は discrete なイメージなのか、continuous なイメージなのか、イメージを見分ける練習をしてみましょう。

　これまで見てきたものを参考にして、自動車、花瓶、携帯電話、窓、本、カーテンをネイティブはどのように見るのか考察してみてください。

　日本人は「もの」のイメージが線か面か立体かを洞察して、車3台、花瓶2本、携帯電話4台、窓2枚、本5冊、カーテン3枚などのように数え方を変えて表現します。

　英語のネイティブは左の絵のような自動車や花瓶、携帯電話、窓、本、カーテンを次のように見ます。

- ひとつひとつがはっきりと分かれている。
- 半分などにすると壊れてしまい、役に立たない。
- 個々に独立した明確な境界線がある。
- 分離している discrete なイメージである。
- 数えられる countable なものである。

　discrete なイメージの車や花瓶、携帯電話、窓、本、カーテンは語尾に -s をつけて数や some などの限定詞を使い、three cars, some vases, four cell phones, two windows, five books, some curtains と言います。

1-4 製作したもの

イメージを比べてみる

072

some cars

073

some car

074

some cell phones

075

some phone

076

some books

077

some book

　ところで左ページの絵 73、75、77 にはあえて絵を描いていません。なぜなら continuous なイメージの some car, some cell phone, some book をイメージすることが不可能だからです。

あるひとつの some

　some car, some cell phone, some book は、不特定なある車 1 台、携帯電話 1 台、本一冊という意味になります。
　車や携帯電話や本がひとつだけで actual であることを強調する some をこのように使うこともあります。

discrete なイメージだけのもの

　辞書に uncountable(U) 数えられない名詞が載っていないもの、つまり discrete なイメージだけのものには、以下のような名詞があります。

clocks(時計)、computers(コンピュータ)、phones(電話)、
doors(ドア)、windows(窓)、curtains(カーテン)、cabinets(戸棚)、
shirts (シャツ)、skirts(スカート)、books(本)、
dishes (深皿)、vases (花瓶)、
trees(木)、
beans(豆)、flakes(断片)、crumbs(くず)

以上のものは、cars のように語尾に -s がつき、ひとつひとつが確立した個体で、半分などにすると元の用途として使えなくなります。

　私はかつて sugar 砂糖、salt 塩、sand 砂、rice 米のような細かいものが数えられないものの代表と思い込んでいました。「はじめに」で紹介した細かい柿の種 kakinotane も数えられないものでした。
　beans (豆)、flakes (断片)、crumbs (くず) は「とても小さくて数えにくいもの」です。さらに私には flakes, crumbs は、半分などにしても形が変わっても同じ質の紙 paper のように continuous なイメージに思えてしまいます。ところが beans (豆)、flakes (断片)、crumbs (くず) は、数えられ、discrete なイメージだけしかない、ということに驚きました。
　ちなみに小さくて細い種 seeds/seed は、分離している discrete なイメージと、連続している continuous なイメージの両方があります。

　cars のように discrete なイメージだけを持っている名詞は数が少なく、やっと上記の名詞を見つけました。discrete なイメージだけの名詞には、何か共通のパターンがあるのかと、数多くの名詞を調べてみましたが、徒労に終わりました。ほとんどの名詞は分離している discrete なイメージと、連続している continuous なイメージの「もの」や「ものごと」の両方があります。
　例えば dishes と同じ食器を表わす [plate] は、continuous な「食器類」some plate と、discrete な「皿やプレート板など」some plates の両方のイメージがあります。
　上記の discrete なイメージだけの名詞は例外ですが、discrete なイメージを把握するためにあえて挙げてみました。参考にしてください。ちなみに continuous なイメージだけの名詞も数が少なく、見つけるのは困難でした。

さてここまでは、

- りんごや自動車のように、**分離している discrete なイメージが強いもの**
- ガラスとグラスのように、**分離している discrete なイメージと連続している continuous なイメージの両方がよく使われるもの**

を見てきました。

　次の章ではさらに discrete なイメージと continuous なイメージの違いを追求していきましょう。

　この章では常に具体的な数や some を名詞の前に使いました。それは「はじめに」で触れたように、英語では具体的で actual なものか、抽象的で virtual なものかをも区別するからです。

　以前、ワークショップで p.20 絵 18 のような数個のりんごの絵を使い、絵の下に apples と表記したところ、それは誤りで some apples だとネイティブから指摘されました。

　その指摘から、絵に描かれたものでも具体的なものなら some や many, two, three などの数を表す限定詞 determiners を使わなければならないということを知りました。apples だと「頭の中で想像している、一般的で抽象的なりんご」というイメージになります。つまりネイティブは、具体的に起こっている actual な出来事の話をする場合には限定詞を使って、その「ものごと」を具体的で actual なイメージのものにするのです。抽象的で virtual なイメージについては、後ほど詳しく説明します。

2-1 液体と気体

| Step 7 | 水、砂糖、チーズなど

078

079

080

081

082

083

▶ 連続しているイメージ

これから水のような液体、空気のような気体のイメージを見ていきます。まず左ページの絵を見てください。

英語の世界では左の絵のような「水」「ワイン」「砂糖」「ご飯」「チーズ」「石けん」をどのようなイメージとしてとらえるでしょうか。ネイティブの視点で絵を見てみてください。

ネイティブは左ページの「水」「ワイン」「砂糖」「ご飯」「チーズ」「石けん」を
- 棒線グラフのように分離しているdiscreteなイメージなのか
- 折れ線グラフのように連続しているcontinuousなイメージなのか

を瞬時に見分け、ことばを決定しています。

ネイティブは絵のような「水」「ワイン」「砂糖」「ご飯」「チーズ」「石けん」を以下のようにとらえます。
- 水やワイン、砂糖やご飯を入れ物に入れると、入れ物によって形が変わる。
- 水やワイン、砂糖やご飯は、半分に分けてもさらに細かく分けても、入れ物によって形が変わっても、質は同じである。
- 水やワインは流れるイメージ、砂糖やチーズ、石けんは溶けるイメージが強く、明確な境界線がない。ご飯も明確な境界線で分けられない。
- 連続しているcontinuousなイメージである。
- 数えにくいuncountable [U]なものである。

continuousなイメージの水、ワイン、砂糖、ご飯、チーズ、石けんは、some water, some wine, some sugar, some rice, some cheese, some soap と言います。someが使われていても語尾に -s がつきません。注意しましょう。

左の絵のように具体的で actual なイメージの水やワイン、砂糖、ご飯、チーズ、石けんの場合には、some や a little, a lot of, much など量を表す限定詞 determiners を使い、some water, a lot of wine, some sugar, much rice, some cheese, a little soap などと言います。

具体的で actual なイメージにする a や the や my などの限定詞については後で説明します。

ライス

　[rice] は米、ご飯、玄米、もみ、稲などと訳せます。日本語では、状態によって異なることばが使われていますが、英語ではすべて rice と言います。ご飯は boiled rice, cooked rice, steamed rice、玄米やもみは unhulled rice と詳しくも言えますが、どの状態でも continuous なイメージです。

any と little

水を飲んだ、と言うときは、
　　　I drank some water.
のように some を使います。
　ところが否定形では some でなく any を使います。
　　　I did not drink any water.
この文は全然水を飲まなかったという意味になります。

I drank a little water. は少量の水ですが、a を使わないで、
I drank little water. では、ほとんど水を飲まなかった、という意味になってしまいます。
I did not drink much water. とも言えます。

2-1 液体と気体

| Step 8 | 空気、ガス、雲など

084

085

086

087

088

089

▶ 連続しているイメージ

　空気やガスやエネルギーは目に見えません。そこで左ページでは空気やガスやエネルギーを思い浮かべることができるような絵を描いてもらいました。

　ネイティブは絵 84 のような「空気」、85 の「煙」、86 の「ガス」、87 の「エネルギー」、88 の「霧」を以下のようにとらえています。
  - **空気や煙、ガス、エネルギー、霧には明確な境界線はない。**
  - **連続している continuous なイメージである。**
  - **数えにくい uncountable [U] なものである。**

　continuous なイメージで、具体的に存在する actual な空気や煙、ガス、エネルギー、霧は some air, some smoke, some gas, some energy, some fog と言います。some が使われていても語尾に -s がつきません。注意しましょう。

　左の絵のように actual で具体的なイメージの空気や煙、ガス、エネルギー、霧の場合には、some や a little, a lot of, much など量を表す限定詞 determiners を使い、some air, a lot of smoke, some gas, a little energy, some fog と言います。具体的で actual なイメージの a や the や my などの限定詞については後の説明を見てください。

　絵 89 のような一面に広がっている「雲」には、明確な境界線がないので、~~some cloud~~ とか ~~much cloud~~ と言うと思いました。これは見事に私の誤りでした。
　絵 89 のような場面では、It's cloudy. と言うことがわかりました。誤りから重要なことを学んだ例です。
　[cloud] は p54 絵 95 のような some clouds あるいは a cloud of smoke のように、普通は分離している discrete なイメージで使われます。

2-1 液体と気体

イメージを比べてみる

090

091

092

093

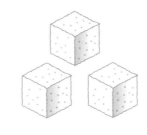

094

095

▶ 分離しているイメージ

　ネイティブは左ページの絵 90、92、94 のような some water「水」、some sugar「砂糖」、some fog「霧」は、連続している continuous なイメージととらえます。

　ところが絵 91 のように、入れ物に入れて境界線を作った「水」、あるいは 93 のように製品にした「角砂糖」、95 のように個々に分かれていて、明確な境界線がある「雲」は、分離している discrete なものとしてイメージします。

　このような discrete なイメージのものには、語尾に -s をつけて、some waters, some sugars, some clouds と言えます。

　砂糖は普通は three cubes of sugar, three lumps of sugar, three spoonfuls of sugar などと数量を明確に言います。省略して some sugars と言うと、角砂糖をイメージします。

　95 の雲の絵をみてください。

　ネイティブは絵 95 のように空に浮いている雲は、分離している discrete なものとイメージします。はじめは一定の「形」があるものかどうかが決定的なクライテリアだと思っていました。ところが形の変化する雲でも、分けても同じ質の雲でも、見た時に明確な境界線があれば、分離している discrete なイメージになるのです。

　絵 94 の霧や 95 の雲のように、見たその瞬間のイメージで、境界線を強調するかどうかで continuous なイメージなのか discrete なイメージなのかを決め、ことばを選択するのです。

　雲のように頻繁に形が変わり、一定の形がない「もの」でも、discrete なイメージとしてとらえることを知ったときに、discrete は境界線が決め手であることを確信しました。space/spaces や time/times も、あるいは見えない「こと」も同じように、境界線で分離できるかどうかが discrete かどうかを決定するのです。

　分離している discrete なイメージと決めるのは、ものやものごとの種類、例えば個体か液体か気体かではありません。「もの」の形や質ではなく「もの」のイメージです。クライテリアとなるイメージは［境界線］です。

　ところが、discrete な「水」、境界線のある some waters はネイティブでもすぐにイメージできませんでした。英語で教育を受け、アメリカで 10 年以上も仕事をしている、日本語と英語のバイリンガルの息子は「some waters なんて使わない」と言っていました。ところが 1989 年 Macmillan 出版 Dictionary for Children には waters が載っています。そこで言語に詳しいネイティブに some waters のイメージを聞いたところ、すぐには答えてもらえませんでした。このようにネイティブがすぐにイメージできないものは、第Ⅱ章『英語からイメージする』で説明をします。

2-2 スペース

| Step 9 | 空間、スペース、場など

096

some space

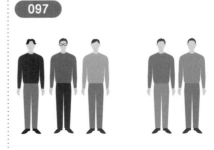

097

some room

098

the ground

099

the land

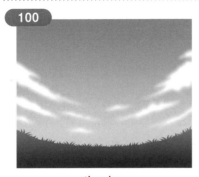

100

the sky

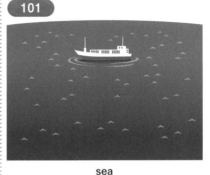

101

sea

▶ 連続しているイメージ

空間［space］や時間［time］はりんごや自動車のように見えるものではありません。同じように経験［experience］、人生［life］、真実［truth］なども見えない「ものごと」です。それでも英語の世界では、連続している continuous なイメージなのか、分離している discrete なイメージなのかを判断してことばを選びます。

左ページの絵 96 は見えない「空間」を見えるイメージにした一例として、描いてもらいました。

外に出て広い空間を眺めてみましょう。空ではなく目の前に広がる空間をです。英語の世界で「空間」はどのようなイメージでしょうか。

空間をネイティブは以下のように見ています。
- 狭い空間、広い空間があり一定の形がない。
- 空間を半分などに分けても、同じ質を持っている。
- 個々に分ける境界線がない。
- 空間は連続している continuous なイメージである。
- 数えにくい uncountable［U］なものである。

連続している continuous な空間は space と言います。明確な境界線がなく、continuous なイメージの空間が具体的にある actual な場合には、名詞の前に限定詞のひとつである some を使い、some space と言います。some が使われていても space の語尾に -s がつきません。注意しましょう。

今見ている空間でも、前に見た空間でも、絵や写真の中の空間でも、客観的に見える具体的な空間ならば actual な空間です。actual な空間には限定詞 some を使わなければなりません。

宇宙空間のように、頭の中で想像している空間は、限定詞 determiners を何も使わない Ø(ゼロ)の名詞句 outer space と言います。

そして、連続している continuous な空間はあいまいなので、限定された空間 some space がどこにあるのか、そして何のために使うのかを文の中で説明する必要があります。

There is some space between the houses.
We have some space in the kitchen to put a microwave.

　actual で 連続している continuous な空間は、名詞の前に some や much, a lot of, a little など、量を表わすことばを使い、some space, much space, a lot of space, a little space のように表現します。また、a square meter of space のように a square meter, a square foot, a cubic meter などの単位を使うと、広さを表現することができます。

　the, my などの限定詞については、後で説明をします。

　p.56 絵 97 のように空間やスペースを意味する some room は continuous なイメージです。

> **Could you please make some room for me?**
> **There is some room in the refrigerator.**
> **The children have plenty of room to play in the park.**

絵 98 の地面 the ground、絵 99 の陸地 the land は continuous なイメージです。次のようにも言います。

> **Gramma has two acres of land.**（土地）
> **Papa bought a piece of land.**（土地）
> **Albert's books cover a lot of ground.**（領域）

絵 100 の空 the sky も continuous なイメージです。

　絵 98、99、100 の場所を表す the ground や the land, the sky は具体的で actual な場合には、多くの場合 the を使っています。

> **Pooch is digging a bone out from under the ground.**
> **Mr. Gold is building a new town on the land near the lake.**
> **The airplane flew into the sky.**

　the については、後で説明をします。

海は、p.56 絵 101 のように船で航海していて周囲に陸が見えない「海上」という場合だけ、continuous なイメージです。

A boy on the ship was lost at sea.

　「海」や「湖」や「川」は水を囲う陸地を境界線としてイメージするので、多くの場合 discrete なイメージで使われています。

Nautilus came to see Ruby from across the sea.
Mr. Gold is building a new town near the lake.

　次に境界線をイメージすると discrete なイメージになる例を見てみましょう。

2-2 スペース

| Step 10 | スペース、部屋、運動場など

102

some spaces

103

some space

104

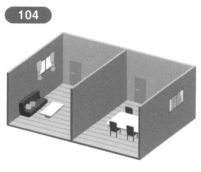

two rooms

105

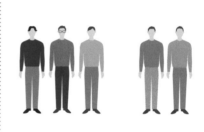

some room

106

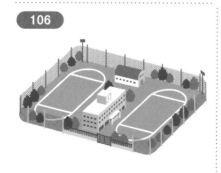

two playgrounds

107

the ground

▶ 分離しているイメージ

　日本語では空間、スペース、すき間などと、ことばを変えて表現する「もの」を、英語では語尾に -s をつけるかどうかで表現します。

　左ページの絵を比較してみてください。

　102「スペース」some spaces、103「空間」some space

　104「部屋」two rooms、105「スペース」some room

　106「運動場」two playgrounds、107「地面」the ground

と言います。

　身近な本箱の中の本と本の間のスペースをいくつか探してみてください。そのようなスペースは英語の世界ではどのようなイメージになるのでしょうか。ネイティブはどのようにイメージをとらえているのかを考え、自分なりにイメージをつかんでみましょう。

　絵 102 は

- スペースとスペースが個々に分かれている。
- 「もの」と「もの」の間にあり、境界線で区切られている。
- 明確な境界線で区切られているスペースは分離している discrete なイメージである。
- ひとつ2つと数えられる countable[C]なものである。

　ネイティブは 絵 102 のように分離している discrete なスペースを some spaces と言い、語尾に -s をつけます。

　具体的に存在している actual なスペースには、名詞の前に限定詞 some や数 two, three などを使わなければなりません。今見ているスペースでも前に見たスペースでも、具体的なものならば some や数を使います。

　discrete なスペースがいくつか具体的に存在している actual なスペースの場合は some spaces と言います。名詞の前に some を使い、語尾に -s をつけます。語尾に -s をつけると、個々に明確な境界線で区切られている discrete なスペースが 2 つ以上あることになります。

　some のほかに two, three, 4, 5… a few, several, many, a lot of などの数を表すことばも使います。a, the, my などの限定詞については、後で説明をします。

p.60 絵 104 のように区分けされた部屋、some rooms や絵 106 のような運動場 some playgrounds は明確な境界線で囲まれていて、まぎれもなく discrete なイメージです。

ちなみに日本語の「グラウンド」は英語では［playground］［athletic field］と言います。

海は、湖や川のように陸に囲まれていて境界線があるので、多くの場合は discrete なイメージです。

Many people are swimming in the sea.
Ruby's house is by the sea.

「陸地」や「土地」は a piece of land と言い、continuous なイメージです。ところが discrete なイメージになり many lands と言う場合もあります。many lands は異なる種類の、さまざまな様子の外国、外地を表します。

Butch traveled to many foreign lands.

「空」the sky は continuous なイメージですが、さまざまに変化する空模様は境界線をイメージし、discrete なイメージになり、the skies と言います。

The skies above Tokyo were cloudy.

2-3 時間

Step 11 | 時間、経験知、習得など

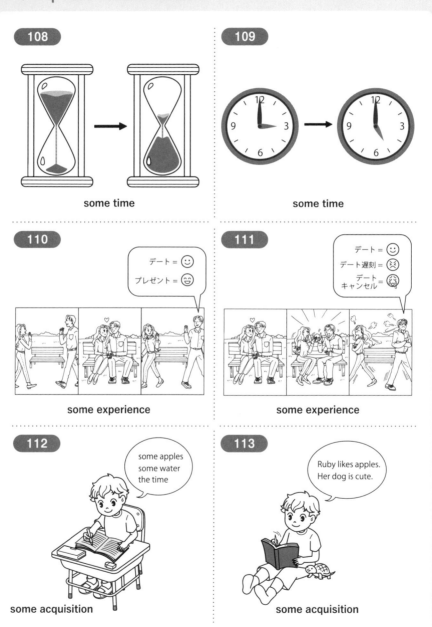

108 some time

109 some time

110 some experience

111 some experience

112 some acquisition

113 some acquisition

▶ 連続しているイメージ

　左ページの絵は見えない「時間」「経験知」「習得」を見えるイメージにした一例を描きました。

　はじめに時間［time］を代表の例として検討してみましょう。

　時間はりんごや水とは違って「目に見えないもの」です。見えない時間を目に見えるようにすることはできますか。砂時計や時計は、感じるだけの時間を目で見えるようにしていませんか。時計を見ると、点々と動く具体的な時間を感じることができませんか。

　絵 108 の砂時計や 109 の時計を見て、時間の流れというものを思い浮かべてください。

　英語の世界でネイティブは「時間」をどのようにとらえているのでしょうか。

　時間をネイティブは以下のようなイメージでとらえています。
- **一瞬、一瞬通り過ぎている。**
- **時間の流れは続いている。**
- **連続している点々をつないでいる折れ線グラフのようなイメージである。**
- **時間は連続している continuous なイメージである。**
- **数えにくい uncountable［U］なものである。**

　連続している continuous なイメージの時間を some time と言います。

　絵 108 や 109 のように、客観的に存在し、具体的に感じる時間は actual な時間です。実際に存在するように感じる時間は some time のように、名詞の前に some, the, my などの限定詞を使います。

　連続している continuous なイメージの時間が限定され、具体的に存在している actual な場合には、名詞の前に限定詞のひとつである some を使い、some time となります。some が使われていても time の語尾に -s がつきません。注意しましょう。

　actual で continuous な時間は、名詞の前に some, a little, a lot of, much などを使い、some time, a little time, a lot of time, much time のように表現します。語尾に -s がつかないと、連続している continuous な時間になります。

　絵 110 や 111 のように経験することで得る知識や知恵、能力、技術を意味する some experience は折れ線グラフのように点々と連続している continuous なイメージです。

　p.64 絵 112 や 113 のように習得する知識 acquisition も continuous なイメージです。

　知識 knowledge や学習 learning あるいは 情報 information も連続している continuous なイメージです。knowledge や learning、information は continuous なイメージだけがあります。

　continuous な時間や知識、知恵、能力、技術、習得、情報は目に見えませんが、点々と続く、折れ線グラフと同じように連続しているイメージを思い浮かべてみてください。

2-3 時間

| Step 12 | 期間、回数、経験、取得 など

three times

some experiences

my acquisitions

▶ 分離しているイメージ

　日本語では「時間」「時」「期間」「回数」「倍」などとことばを変えて表現する「こと」を、英語では語尾に -s をつけるかどうかで表現します。

　英語の世界ではネイティブは「時間」を次のようにもとらえています。
- **時間の流れを始まりと終わりの境界線で区切ることができる。**
- **出来事に費やす時間には始めがあり、終わりがある。**
- **境界線で区切られた期間は1回2回と数えられる。**

　左ページの絵 114 のような時間は分離している discrete なイメージです。始めと終わりのある境界線で区切られた、discrete な期間の場合には、time の後ろに -s をつけて times となります。

　カレンダーは見えない時間を具体的に見えるようにしているものだと感じませんか。実際に存在するように感じる具体的な期間は actual な時間です。絵 114 のような actual な動作に費やした時間を表すためには、名詞の前に数を使い、three times と言います。日本語では 3 回と言います。

　具体的にある actual で、始まりと終わりのある discrete な期間は a few times, three times のように a few, several, many, a lot of, three, 4, 5… などの数を表すことばを使います。
　限定詞のひとつ some を使って some times と言えますが、sometimes（時々）と同音になり、まぎらわしいので使いません。

　始まりがあり、終わりのある経験あるいは体験 some experiences は、2 回、3 回と数えることができる discrete なイメージです。例えば絵 115 のような「経験」は、日本語では continuous なイメージも discrete なイメージも区別しないので難しいですが、時間［time］のような基本的なイメージから連想してみてください。経験や体験は始まりと終わりの境界線を思い浮かべることができて、何回経験したか、あるいは何度体験したかと数えることができます。

　「はじめに」の中で、第二言語の習得 acquisition は discrete なものなのか、continuous なものなのかを学会で長い間議論されていたことに触れました。第二言語の習得 acquisition には「始まり」と「終わり」があり、明確な境界線があるのかどうかが問題になっていたことをやっと納得できました。

　ちなみにジーニアス英和大辞典によると、acquisition が「習得」を意味する場合は learning と同様に、連続している continuous なイメージで uncountable［U］です。

　知識 knowledge や学習 learning は連続している continuous なイメージだけです。

　ところが、分離している discrete なイメージの acquisitions は 取得した高額で貴重な物、例えば p.68 絵 116 のように 取得した会社などを表し、Sylvia's acquisitions と言えます。

第 Ⅱ 章

英語から
イメージする

アクチャルなイメージ

117

some pieces of apple

118

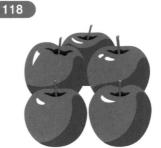

some apples

119

some water

120

some waters

121

water

　前にお伝えしたように、左ページの絵 118 を apples と表記したら間違いだと言われました。some apples のように some を使わなければ、頭の中だけで想像している抽象化したりんごになってしまうからです。同じように、絵 119 の井戸から流れている水の下に water と表記したところ、それも誤りで some water だと指摘されました。

　つまり絵に描かれたりんごでも水でも、絵 117 や 118, 119, 120 のように、具体的で actual なりんごや水には some を使い、some pieces of apple, some apples, some water, some waters と言います。some を使うことで、あたかも実際に見えたり、聞こえたり、触れたり、匂う「もの」にしてしまうのです。具体的で actual な「もの」や「こと」には、名詞の前に some, a, the, my などの限定詞 determiners を必ず使います。

　「水！水！」と緊急なときにも Give me some water! のように some を使います。Give me water. では意味をわかってもらえません。water の前に限定詞を何も使わないと、絵 121 のような、頭の中で抽象化している virtual で典型的なイメージの水になってしまい、意味が通じなくなります。

　限定詞を何も使わない water は、例えば、"Water is clear." 「水というもの」は透明です、のように、頭の中でだけ想像している一般的な水について話す場合に使います。

　さてここまでは「りんご」や「水」など絵に描かれたものが、絵 118 や 120 のように、分離している discrete なイメージなのか、絵 117 や 119 のように、連続している continuous なイメージなのか、イメージの違いを把握することができるように、それぞれの絵の共通のイメージを考察してきました。

　discrete なイメージ、continuous なイメージは、英語の世界で用いるクライテリア（選択基準）となるイメージであり、英語の名詞を使うときには必ずついて回るものです。

　さらに、英語の名詞について回るイメージは、具体的で actual なイメージか、抽象化した virtual なイメージか、というクライテリアです。しかしそれぞれのイメージを日本語のネイティブが即座に思い浮かべることは非常に困難です。ですので actual なイメージと virtual なイメージの違いを把握するために、ここからは絵からでなく、英語のことばからイメージを追求してみましょう。英語のことば、名詞句を見たり聞いたりした場合に、どのようなイメージを思い浮かべるかを考察していきます。

　まずは辞書に載っている原型 [apple] と聞くと、ネイティブはどのようなりんごをイメージするのか検討していきましょう。

1 分離しているイメージが強いもの

| Step 13 | apple, pieces of apple, apples

122

apple

123

pieces of apple

124

apples

▶ apple

　　apple は辞書に載っている原型 [apple] のままです。単語の前に限定詞が何も使われていません。このような名詞句を∅(ゼロ)の名詞句と呼びます。∅の名詞句は抽象化した virtual なりんごをイメージします。抽象化した virtual なりんごとは、一体どのようなイメージでしょうか。

　　まずはりんごを頭の中で想像してみてください。さまざまな色や形、種類のものを想像して、その特徴をイメージして、典型的な「りんごというもの」を洞察してください。想像している「りんごというもの」を表す典型的なイラストを描いてみてください。描かれたイラストは人それぞれ異なるでしょうが、それらのイラストは頭の中で抽象化した典型的なりんごです。

　　左ページの絵 122, 123, 124 はその一例です。そのように頭の中で抽象化した典型的な「りんごというもの」を virtual なイメージとします。絵 122, 123, 124 は、頭の中で想像している抽象化したりんごをあえてイラストにしました。参考にしてください。

　　apple は apple の前に a や the や my が使われていないので、∅の名詞句です。そして apple の語尾には -s がついていないので、連続している continuous なりんごです。∅の名詞句で continuous なりんごの果肉のイメージ apple とは、一体どのようなりんごをイメージするのでしょうか。

　　限定詞を使わない、-s もつけない 'apple' と聞くと、ネイティブは、apple pie, apple juice, apple jam のように形容詞としての apple を思い浮かべるそうです。

　　「はじめに」で触れたように、私が "I like apple." と言ったところ、ネイティブにすぐには伝わりませんでした。"I like apple." は、

What kind of pie do you prefer, apple or pumpkin?
I like apple.

のように、apple pie を省略して形容詞の apple と言う場合に使えると、ネイティブがしばらくしてから答えてくれました。これはネイティブでさえもすぐにはイメージできない特殊な例です。

　　名詞 apple と聞いたときのイメージをネイティブに無理やりに想像してもらうと、絵 122 のように「ぐちゃぐちゃになっているりんごのイメージかなぁ」と答えてくれました。

　　「りんごが好きです」は I like apples. と言い、-s をつけます。

Ø（ゼロ）の名詞句

あるとき犬を連れて散歩をしている人が着ているＴシャツに I love dog. と描いてありました。前に触れましたが、dog に -s がつかないと、continuous なりんごの果肉と同じようなイメージ、つまり犬の肉になってしまうのです。Ｔシャツの文字のおかしさはたびたび話題になりますが、これではひどく不気味なＴシャツになってしまいます。個々に独立した１匹２匹と数えられる生きている犬のことを言う場合は I love dogs. となり、-s をつけます。

のちほど詳しく取り上げますが、限定詞である a, the, my を使って an apple, the apple, my apple とすると、-s をつけなくても分離している discrete な丸ごとのりんご１個をイメージします。同じように a dog, the dog, my dog は生きている犬１匹をイメージします。

限定詞は何も使わず、語尾に -s をつけないで、virtual なイメージの continuous なりんごの果肉 apple は、形態によって pieces of apple, chopped apple, grated apple と表現します。

連続している continuous なりんごの果肉は４つに切ったり、細かく切ったり、おろしたり、ジュースにしたり、かじったりと、さまざまな状態になります。英語の世界では、その状態をことばで表わさないと、どんなりんごなのかが聞き手には伝わりません。例えば４つ切りのりんごは pieces of apple、細かく切ったりんごは chopped apple、おろしたりんごは grated apple と言います。それぞれを見ていきましょう。

▶ pieces of apple

pieces of apple は、理論的に可能で p.74 絵 123 のように、抽象化した典型的な「何切れかに切ったりんごの果肉というもの」を頭の中で想像できます。ところが普通はわざわざ使いません。I ate some pieces of apple. のように具体的で actual な場合に使われます。

chopped apple

We used chopped apple in the pie.

chopped apple と見たり聞いた場合、抽象化した典型的な「細かく切ったりんごというもの」を頭の中で想像してください。一般的なことを述べています。

grated apple

　　Grated apple is delicious when you are sick.

　　I like grated apple.

　　We used grated apple in the pie.

　grated apple は virtual で抽象化した「すりおろしたりんごというもの」をイメージしてください。一般的なことを述べています。

▶ apples

　　I love apples.

　　I like green apples.

　　Apples taste good.

　apple の語尾に -s をつけた apples を見たり聞いたりした場合、ネイティブはどのようなイメージを思い浮かべるでしょうか。考察していきましょう。

　この場合、apples の前に数や some などの限定詞 determiners を何も使っていません。つまり ∅(ゼロ)の名詞句ですから、抽象化した virtual なりんごをイメージします。

　virtual なイメージのりんごは

　　• 頭の中でりんごを抽象化しています。

　　• 典型的なりんごのイメージを想像しています。

　apples は想像しているだけの「りんごというもの一般」をイメージします。

　apples の語尾には –s がついています。apples は分離している discrete なイメージのりんごです。

　discrete なりんごは、個々に分ける明確な境界線のある、丸ごとのりんごです。discrete な丸ごとのりんごを、頭の中で抽象化して virtual なりんごとしてイメージしてみてください。それを p74 絵 124 で表現してみました。

　世の中の「一般的なりんごというもの」を思い浮かべてください。典型的な丸ごとのりんごを頭の中で想像してみてください。

　「りんごが好きです」と言う場合には、そのりんごは目の前にある限定されたものではなく、頭の中で抽象化したりんご一般の話です。一般的に世の中に出回っている典型的なりんごを想像しています。その場合に英語では、I like apples. と言

います。Apples taste good. と言うと、「りんごというものは一般的においしい」という意味です。

　ここまで virtual なイメージのりんごについて述べてきました。現代は「バーチャル」という日本語もよく使われています。本書で使う virtual は、もっと狭い意味です。たとえ絵や映像の中でも、客観的に存在する具体的な「もの」や「こと」は actual なイメージのものです。それに対して、virtual なイメージの「もの」や「こと」は抽象化した典型的なイメージのものです。頭の中だけで想像し作られたイメージです。英語の世界ではあえて、actual か virtual かを、限定詞を使う、使わないと、ことばで明瞭に表現するのです。英語のネイティブスピーカーはいつも自然に「もの」や「こと」が actual か virtual かを区別しているのです。

　例えば、ご飯、味噌汁、卵あるいはパンとジュースなど、いろいろな「もの」を頭の中でまとめた "I had breakfast." の breakfast は抽象化した virtual なイメージです。一般的で典型的な朝食というものをイメージします。英文の中に∅(ゼロ)の名詞句を見たり聞いたりした場合、一般的な話をしています。
　逆に一般的な話をする場合には ∅ の名詞句を使い、virtual なイメージのものにします。「もの」や「ものごと」が virtual か actual か区別する訓練が必要です。

　引き続き、「ことば」から、その「もの」に対してどのようなイメージを思い浮かべるかを検討していきます。
　次は actual なりんごを virtual なりんごと比較していきます。さらにクライテリアを磨いていきましょう。

1 分離しているイメージが強いもの

| Step 14 | some pieces of apple, some apples

125　some apple

lettuce　apple　orange　cucumber　tomato

126

some pieces of apple

127

some apples

▶ some apple

apple の前に some を使って some apple とすると、ネイティブはどのようなイメージを思い浮かべるでしょうか。

apple の前に限定詞 some を使うと、具体的で actual なものを表します。実際に見たことのある、あるいは絵や写真で見たことのある、あるいは聞いたり、学習して知っている、客観的に、具体的に実在する「りんご」をイメージします。

some を使っているのに、語尾に -s がついていない apple は、連続している continuous なりんごの果肉をイメージします。形は異なっても味や匂いなど質は同じで、明確な境界線を持たないりんごの果肉です。

語尾に -s のつかない apple に some を使って some apple ということは可能ですが、some apple のイメージはネイティブでもなかなか思い浮かべることができませんでした。
やっと次のような例文ができました。

Could you please get me some apple at the salad bar?

左ページの絵 125 のように、サラダバーなどで、細かく切られたりんごの果肉がほかの切った野菜や果物と共に並んでいるような特殊な場合に some apple と言えると、ネイティブは思いつくことができました。絵でもわかるように細かく切ってしまったりんごは、りんごなのか何なのかわからなくなってしまいます。

前に述べたように、りんごの果肉は 4 つに切ったり、細かく切ったり、おろしたり、ジュースにしたりかじったりできます。さらにさまざまな形になることが可能なので、some apple だけではイメージがよくわからないので、イメージを明確にすることばが必要になります。

例えば some pieces of apple, some slices of apple, some chopped apple, some grated apple, some sliced apple などと表現することで、そのりんごのイメージを明確にします。

▶ some pieces of apple

There are some pieces of apple on the plate.

　some pieces of apple と見たり聞いた場合、どのようなイメージを思い浮かべるでしょうか。

　pieces of apple の前に some という限定詞が使われると actual なりんごになります。つまり具体的に見た、触った、食べたりんごを思い浮かべます。

　some pieces of apple という -s のつかない apple は、連続している continuous なりんごの果肉をイメージします。p.80 絵 126 のように、何切れか具体的で actual に存在しているイメージになります。

　some pieces of apple, some slices of apple は、何切れかに切られた、
　some chopped apple は細かく切った、some grated apple はすりおろした、
　some sliced apple は切ったりんごの果肉をイメージします。

　例文を見て、それぞれのりんごのイメージを思い浮かべてください。
　　I ate two pieces of apple that were on the plate.
　　I used a lot of chopped apple to make an apple pie.

▶ some apples

I bought some apples at the store.

　some apples のように some を使うと、actual なりんごになります。具体的に見えて、触れることができて、匂う「もの」がある状態になります。some はあいまいな数量も表わしますが、具体的で actual なイメージが強調されます。

　そして apples のように -s がつくと、分離した discrete なイメージになります。個々に独立した discrete な丸ごとのりんごが 2 個以上ある状態です。some apples は丸ごとのりんごが何個か具体的に存在している、というイメージです。p80 絵 127 を参考にしてください。

以下のそれぞれの例文を読み、イメージを思い浮かべてください。

I gave a few apples to Olivia.

Tim put three apples on the table.

My grandmother sent me a lot of apples yesterday.

Mama took some apples out of the box. They look delicious.

それでは次に、りんごだけでなく抽象的で virtual なものをもう少し詳しく見ていきましょう。具体的で actual なものと比較して、ことばからどのようにイメージするかを検討していきます。

1 分離しているイメージが強いもの

| Step 15 | glass, glasses: some sheets of glass, some glasses

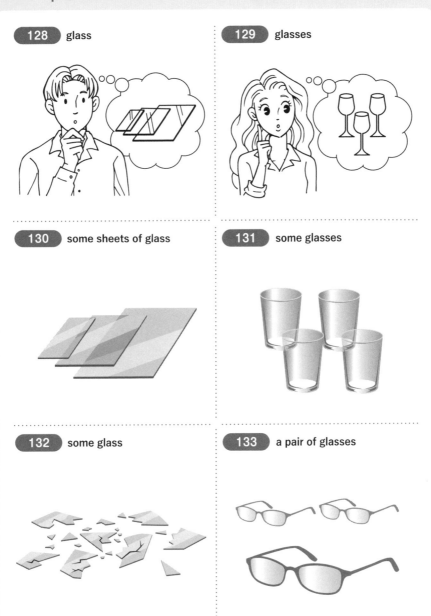

128 glass

129 glasses

130 some sheets of glass

131 some glasses

132 some glass

133 a pair of glasses

　左ページの絵 128, 129 の glass と glasses は、名詞の前に何も使わない Ø（ゼロ）の名詞句です。頭の中で抽象化した典型的な「ガラスというもの」「ワイングラスというもの」で virtual なイメージです。抽象化した virtual なガラスやグラスがどのようなイメージなのかさらに詳しく見ていきましょう。

▶ glass

Glass is easy to break.
Glass is used to make windows.
Glass is clear.

　glass は辞書に載っている原型 [glass] のままで、Ø の名詞句です。
　glass は頭の中で想像している virtual なイメージのものです。抽象化して、典型的なものをイメージします。一般的なことを話す場合に使われます。
　語尾に -s のつかない glass は連続している continuous なイメージです。切ったり、割ったり、溶かすことができる、境界線のない continuous なガラスをイメージします。

　ところで「ガラス」と聞くとどのようなイメージがありますか。材質としてのガラス板、さまざまな形に切られたガラス、欠けたガラス、割れたガラス、溶けたガラスなど、製品になる前の材料や、定められた形態のない「もの」が思い浮かびます。半分にしても 4 分の 1 にしても小さくしても大きいものでも、質は変わりません。

　glass の語尾に -s がつかない glass は「ガラス」です。さらに限定詞は何も使わない Ø の名詞句の glass は、抽象的、典型的で一般的な「ガラスというもの」です。左の絵 128 からイメージしてください。

　ガラス製品一般を言う場合にも glass と言い、連続している continuous なものになります。

▶ glasses

Glasses are made of glass.
Sylvia likes wine glasses.

glasses は、glasses の前に限定詞を何も使わない∅（ゼロ）の名詞句です。頭の中でまとめた virtual なイメージです。抽象化した典型的な「もの」を想像してください。

語尾に -s をつけて glasses と言うと、分離している discrete なグラスをイメージします。1個1個独立した明確な境界線のあるグラスをイメージしてください。半分などにしたり割ったり、欠けると使えなくなるワイングラスやガラス製のコップを思い浮かべます。

ワイングラスを頭の中で想像してみてください。さまざまな色や形、種類のものを想像して、その特徴をイメージして、典型的な「ワイングラスというもの」を洞察してください。そして想像している一般的な「ワイングラスというもの」を表すイラストを描いてみてください。描かれたイラストは人それぞれ異なるでしょうが、そのイラストは頭の中で描かれた、抽象化したワイングラスです。p.84 絵 129 はその一例です。

glass の語尾に -s つけて glasses となり、glasses の前に何も使わない∅ - s の名詞句にすると、抽象化して、想像しているだけの virtual で、分離している discrete なイメージのものになります。glasses は一般的な「グラスというもの」をイメージします。

glasses はグラスだけでなく、ガラスでできたものもイメージします。ガラスからできた、個々に独立した境界線で分離している discrete なものとはどのようなものでしょうか。

ただしガラスでできているすべての製品を glasses と呼ぶわけではありません。さまざまなガラス製品を一般的に言う場合には glass と言い、連続した continuous なものになります。

glasses はワイングラス、ガラスのコップ、レンズ、めがね、サングラス、望遠鏡、顕微鏡、双眼鏡、オペラグラスなど特定の「もの」を意味します。

日本語のガラスもグラスも英語では同じ原型 [glass] を使いますが、グラスは glasses と言い、語尾に -s をつけます。ガラスは glass で語尾に -s をつけません。

つまり英語では辞書原型 [glass] に -s を使うか使わないかで、イメージがまったく違うものになってしまいます。日本語では glass はガラス、glasses はグラス、コップ、レンズ、めがね、望遠鏡のように、ことばが変わります。

▶ some glass

Be careful! Some glass is on the floor.

some glass は some を使い、-s がつきません。具体的で actual な連続している continuous なガラスをイメージします。continuous なガラスが具体的にいくつか存在しているイメージを思い浮かべてみてください。

ネイティブは some glass は p.84 絵 132 のように、細かくいくつかに割れたガラスのかけらをイメージするそうです。ガラス板をイメージするためにはその形を表すことばが必要になります。

▶ some sheets of glass

Albert put some sheets of glass on the table.

some sheets of glass は絵 130 のように、大きな 1 枚のガラスを半分など、何枚かに切ったガラスをイメージします。連続している continuous なガラスが具体的で actual に何枚か存在している、というイメージを思い浮かべてください。

▶ some glasses

Teria put some glasses on the table.

some glasses は絵 131 のように、分離した discrete なグラスをイメージします。1 個 1 個の discrete なグラスが何個か具体的で actual に存在しているイメージを思い浮かべてください。

some glasses はワイングラス、レンズなどの意味にもなります。語尾に -s があると、個々に独立した discrete なものが 2 個以上あることになります。

ところが絵 133 のようなめがねを表す場合には three pairs of glasses と言い、たとえひとつでも a pair of glasses のように、語尾に -s をつけて言います。片方だけのときは a lens です。

87

1 分離しているイメージが強いもの

| Step 16 | car, cars, some cars

▶ by car

　car は Ø(ゼロ)の名詞句です。頭の中で抽象化している virtual なイメージの自動車です。頭の中で自動車を想像し、それらの抽象的で典型的なイメージのイラストを描いてみてください。

　-s のつかない car は、連続している continuous なイメージです。不可算名詞です。どの辞書にも uncountable(U)数えられない car は載っていません。ところが熟語として by car が取り上げられています。by car は 頭の中で抽象化した virtual で一般的な、そして continuous な「車という手段」というイメージになります。

　car, airplane, boat, bus のように、名詞の前に限定詞を何も使わず、名詞の語尾に -s を使わないと、典型的で抽象的な乗り物を手段としてイメージします。左ページの絵 134 を参考にしてください。

We went to Nikko by car.

We went to Oshima by boat.

We went to Osaka by train.

　電車で行くか、バスで行くか、自動車で行くか、どの交通手段を利用したかを選ぶ場合に、

I went to Hakone by car. と言います。I drove to Hakone. の意味です。

乗った車を具体的にイメージしたら、I drove to Hakone in my car. となります。

▶ cars

Cars are convenient.

Peter doesn't like cars.

Butch loves cars.

　cars は cars の前に何も限定詞を使わない Ø の名詞句 です。頭の中で抽象化した、典型的で virtual な「車」です。「車というもの一般」について話題にします。

　cars は語尾に -s をつけています。分離している discrete な車です。1 台 1 台明確な境界線で分離している独立した車のイメージです。半分などにすると使えなくなります。

　Ø の名詞句である cars は絵 135 のように、抽象的で典型的な discrete な「車というもの」をイメージします。ほとんどの「車」に当てはまるような、一般的なこ

とを言う場合に使われます。cars は自動車だけでなく、電車やケーブルカーの車両やエレベーターの箱を表すこともあります。

　抽象化して典型的で virtual なイメージは、抽象的で難しい話に使われるのかと思っていたところ、子供新聞でもよく使われていました。
　例えば **Hybrid cars are popular these days**.「近頃はハイブリッド車が人気です」と、一般的な話題を伝えることがあります。その場合も、頭の中で自動車全般を考えています。

▶ some car

　some を使い、語尾に –s をつけない some car は、具体的で actual に何台かある、continuous な車です。
　目の前に実際にある車を半分に切ることを想像してみてください。使えなくなります。車でなくなります。辞書にも uncountable(U)な、数えられない名詞の car は載っていません。しかしひょっとしたら未来に特殊な材料を使って半分にしても4分の1にしても、質の変わらない、境界線があいまいな車が発明されるかもしれませんが、今は存在しません。

> **some car**
> 　some car は「ある一台の車」と不特定の車が一台、actual にあることを強調する場合に使われます。

▶ some cars

　I saw some cars parked on the street.

　some cars は p.88 絵 136 のように、分離している discrete な自動車が、具体的で actual に何台かある、というイメージです。
　some は実際に見た、触った、乗ったなど、具体的に存在する actual なイメージのものを思い浮かべさせます。語尾に -s があると、個々に独立した discrete な自動車が2台以上あることになります。some cars や many cars, a lot of cars, a few cars, two cars のように数を言う場合は、常に具体的に限定されている actual な自動車です。

2 連続しているイメージが強いもの

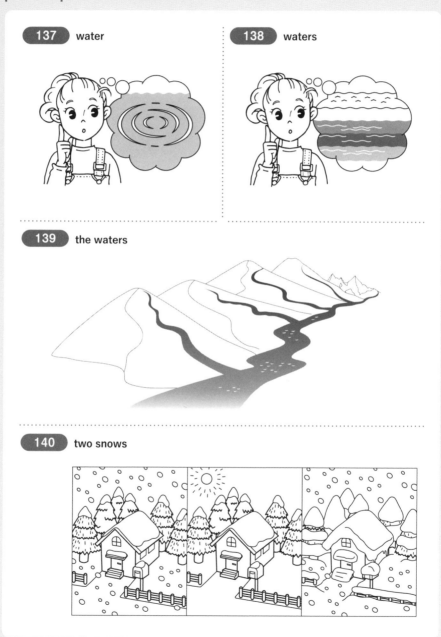

137 water

138 waters

139 the waters

140 two snows

▶ 水と water, waters

これまでのステップを通して、名詞の語尾に -s をつけるかつけないかで、その「もの」が、境界線で区切って分離している discrete なイメージなのか、連続している continuous なイメージなのかを決定するということを見てきました。

そして限定詞 some を使うと、具体的で actual な「もの」や「こと」をイメージし、限定詞を使わない∅(ゼロ)の名詞句ならば、抽象化した virtual な「もの」や「こと」をイメージするということを見てきました。

このステップでは、連続している continuous なイメージが強い「もの」のことばから、ネイティブはどのようなイメージを思い浮かべるのかを検討していきましょう。

ここでは water と waters を見ながら、「ことば」からその「もの」のイメージはどのようなものかを検討していきます。

日本語では「水」の場合、例えば水道水、1 杯の水、さまざまな種類の水、多量の川や海の水、のように違うことばで表現し、私たち日本人は、水は水でも異なる状況の「もの」としてとらえています。ところが英語では waters のように、語尾に -s をつけるだけでその違いを表現してしまいます。

英語の名詞「もの」や「こと」は、目に見えなくても境界線で区切って、分離している discrete なイメージにしてしまうという特徴を持っています。水を境界線で区切ってみてください。discrete なイメージの waters とはどんな水でしょうか。

限定詞を使わない∅の名詞句は、「もの」や「こと」を 抽象化して、典型的で virtual なイメージにしてしまいます。virtual なイメージの water, waters とは、どんな水でしょうか。

▶ water

Water is a liquid.

Water changes into ice when it gets cold.

There is water running through the pipe.

water は∅(ゼロ)の名詞句で -s がついていません。

virtual で continuous なイメージです。連続している、抽象的で典型的なイメージの水です。

water は入れ物によって形が変わる、それ自体に明確な境界線のない「水」です。半分にしても4分の1にしても、質は変わらない、continuous なイメージのものです。

限定詞を使わない∅の名詞句 water は、頭の中で抽象化した典型的で virtual な水のイメージで、「水というもの」一般について話題にする場合に使われます。

virtual なイメージの「水というもの」とは、どのような水でしょうか。

コップ1杯の水、蛇口から流れている水、井戸から汲み上げた水、こぼれている水、水たまりの水などなど、さまざまな「水というもの」を想像してみてください。そして典型的なイメージを洞察し、抽象化して、誰にでも共通するイラストで「水というもの」を描いてみてください。p.92 絵137 ではひとつの例として、形のはっきりしない、水の波紋のイメージを提示しました。りんごやグラス、車とは違い、とらえどころのない水をイラストにするのは非常に難しい作業です。本書では一例を描きました。絵137 を参考にして自分なりのイメージを作り上げてください。

p93 の例文を見て 一般的で典型的な water のイメージを思い浮かべてください。

---

water

water は熟語では、水のように流されて、何ごとにも影響がない、という意味にもなります。
Papa's advice is like water off a duck's back for Tim.
（Tim にとってパパのアドバイスはアヒルの背から流れてしまう水のように何も影響しない）
Butch was very angry at Sylvia, but that's water under the bridge now.
（Butch は Sylvia をひどく怒っていましたが、その怒りは今はもう橋の下を流れる水のように過ぎ去りました）

▶ water**s**

語尾に -s のついた waters は、分離している discrete な水で、waters の前に限定詞を使わない∅の名詞句なので、頭の中で抽象化している virtual な「水というもの」です。

分離している discrete な waters のイメージはどのようなものかを、若いネイティブに尋ねたところ、前にも述べたように「数えられる countable[C] な -s のつく waters は使わない」と言われました。それを聞き、ひょっとして waters はすでに

死語かと思い、辞書を調べたところ、

The boat is in deep waters.

（船がとても深い水底に沈んでいます）

Still waters run deep.

（静かで大量の水は深く流れます）

のように、語尾に -s のついた waters を使う例がありました。語尾に -s のついた waters を使って deep waters というと、非常に深い水をイメージするそうです。still waters は深く静かな流れで、べらべらしゃべらない人も表します。

　そこで本書の監修者 Peter Ross 氏に「discrete な水 waters のイメージとはどのようなイメージか」と尋ねました。始めはイメージが思い浮かばないと言われましたがあきらめきれず、a や the や my など限定詞 determiners に長年こだわっている彼に無理やりにでもイメージを捻出するよう頼みました。

　彼がかなり長い間考えて、思い浮かんだイメージによると、「さまざまな異なる時(時期)を通して、さまざまな川や地下水などから、さまざまな種類の水が流れ込み溶け込んでいる川や湖、海などの大量の水」を思い浮かべることができたそうです。それを p.92 絵 139 のような絵に描きました。ところがいくつかに分離している水はイメージできないとのことでした。実際の大量の水には境界線が見えないからでしょう。

▶ waters と snows

　actual で discrete な two snows は、絵 140 のように、異なる時期に降った雪をイメージします。

　　Last year, there were two snows(snowfalls)in Tokyo.

　あるいは virtual で discrete な snows は、異なる時期に降り積もった雪の層をイメージします。

　　During winter we had snows that caused a big slide.

　　（冬の間に降り積もった大量の雪がなだれを起こした）

　このような snows の例からも、p.92 絵 140 の異なる時に積もった雪の層のように、層になって境界線で区切られている水 waters を、絵 138 のようにイメージしてみました。それを頭の中で想像しているように描いてみました。

　分離している discrete な waters は、異なる時に降り積もった snows の層と同様に、様々な時期に川や海などに流れ込んだ、大量の異なる種類の水の層を p.92 絵 138 のようにイメージすると推察できます。

　waters と見たり聞いたりした場合、さまざまな種類の水を境界線で区切って、区分けされた状態を頭の中で想像してみてください。絵 139 のように、異なる種類の水が含まれている川や湖、海などの大量の水をイメージしてみてください。

　waters は頭の中で抽象化している典型的な「様々な種類の水というもの」「川や湖、海などの大量の水というもの」というイメージになります。

---

waters

waters はコントロールが難しい、危険な状況や状態という意味にもなります。
The authorities are trying to keep control in choppy political waters.
（当局は波風の激しい政治の状況をコントロールしようと努めています）

turbulent waters 荒れ狂う状態
unknown waters 見知らぬ状況

　このように英語では、連続している continuous な水も分離している discrete な水も、同じ単語である water/waters を用います。この「水」water/waters のことから、continuous なイメージと discrete なイメージとの違いは、ネイティブならば誰もが明確にイメージできるくらいにくっきりと分かれているのではなく、不確かであいまいなイメージもある、ということに気づかされました。

　つまり白黒のようにはっきりと分かれているのではなく、濃い灰色、薄い灰色のようにグレーゾーンがあり、非常に明瞭なイメージから、かなりあいまいなイメージまでの段階的なイメージだということです。

---

continuous なイメージも、discrete なイメージも両方あるもの

water のように、continuous なイメージが強く、多くの場合は continuous のイメージで使われているものでも、同じ単語が discrete なイメージにも使用される名詞には次のような例があります。
snow/snows、rain/rains 雨、gas/gases ガス、oil/oils オイル、energy/energies エネルギー、power/powers パワー、strength/strengths 強さ

---

2 連続しているイメージが強いもの

| Step 18 | some water, some waters

141 some water

142 some waters

143 some wine

144 some wines

French Wine

German Wine

Italian Wine

145 some cheese

146 some cheeses

▶ some water

Could you please give me some water?

　some water は some を使い語尾に -s がついていないので、actual で連続している continuous なイメージの水です。

　前にも述べましたが、限定詞 some は「水」を具体的で actual なものにします。実際に見た、触った、飲んだことのある 水を思い浮かべてください。

　some water や much water, a lot of water, a little water のように、量を言う場合は、具体的に存在している actual な水を表します。量を表すことばを使い、語尾に -s がつかないと、continuous な水になります。

　some water は左ページの絵 141 のように、井戸から流れる水やコップの中にある水、ボトルの中にある水、床にこぼれた水、滝の水、水たまりの水など、continuous な水をイメージしてください。日本語の水は冷たい水ですが、英語の some water はやかんの中のお湯、お風呂のお湯など、熱いあるいは温かい湯もイメージします。

▶ some waters

　some waters は some を使って、語尾に -s がついているので、具体的で actual な分離している discrete な水です。

　イメージすることが難しい discrete な水にあえて some を使って、具体的で actual なイメージにする some waters はどのようなイメージでしょうか。

　ネイティブに尋ねたところ、考え込んでしまい、一週間後にやっと答えをもらいました。

　some waters はレストランや食堂などで左の絵 142 のように、同じ形のコップやグラスにすでに準備されてある水をイメージする、ということでした。これは特殊な状態で、some waters と言うことができるそうです。some cups of water, some glasses of water, some bottles of water を短く言った場合に使えます。

　普通は seven cups of water のように具体的な数を明確に言います。客やスタッフは two cups of water と言うところを省略して、two waters と言えます。客はカウンターで、Two waters, please. と注文できます。1 杯のときには –s を取り、a を使い a water と言います。

あいまいに some waters と言うのはどのような場面でしょうか。

コンビニなどで棚にたくさんの水のペットボトルが並んでいる、そのペットボトルに入った水を何本か買いたい場合などに言えます。例えば誰かに買物を頼む場合などです。

Could you please buy some waters for us?

「水」は continuous なイメージを持つことが普通ですが、あえて「水」を discrete な分離しているイメージでとらえる場合があります。

water の語尾に -s をつけ、waters, some waters だけでなく、the waters, our waters と言えます。some waters は some glasses of water を省略していて、グラスが明確な境界線を作っています。

waters, the waters, our waters は 山から流れてくる小さな川や地下水のように、さまざまな場所から流れてくる川がひとつのところに流れ込み、大きな川や湖や海を作っている大量の水を、p.92 絵 139 のようにイメージします。さまざまなところから流れ込むさまざまな種類の水は混ざり合い、明確な境界線はイメージしにくくなります。すでに述べたように、このようなイメージはネイティブでさえ、イメージを思い浮かべることが非常に困難でした。

「水」のように多くの場合は、連続している continuous なイメージのものとして使うけれども、分離している discrete なイメージのものにもなる例をもう少し見てみましょう。

▶ some wine, some cheese

p.98 絵 143、145 の絵のように some wine, some cheese は明確な境界線のない、連続している continuous なイメージのものです。数えにくい uncountable なものです。

チーズはミルクから作っているときの、ドロドロとした状態のイメージが強いので continuous なイメージになるそうです。それに多くのチーズは温めると溶けてしまいます。

固まっているチーズは a block of cheese、two blocks of cheese と言い、数えられますが、cheese に -s はつきません。なぜなら切り分けても使えるし、温めて溶けても、味や匂いの質が変わらない continuous なものだからです。

some wines, some cheeses のように語尾に -s をつけると、p.98 絵 144、146 の絵のように境界線で区分された discrete なものになり、さまざまな種類のワインやチーズをイメージします。some types of wine, some types of cheese とも言えます。

some wines や some cheeses のように、discrete なイメージがさまざまな異なる種類になるものが多々あります。

some gases も fuel gas, natural gas, poison gas など異なる種類の「ガス」です。

前に述べた衣類 some clothes やあかり some lights もさまざまな異なるものをイメージします。

同様に discrete な the waters もさまざまな異なる種類の水をイメージできます。

I like fruit. と I like vegetables.

多くの場合、some fruit は continuous なイメージです。a piece of fruit, two pieces of fruit と数えます。

discrete な many fruits はさまざまな異なる種類の果物をイメージします。

discrete な many fishes もさまざまな異なる種類の魚をイメージします。

ちなみに fish は a fish, two fish, five fish のように複数形でも -s のつかない例外です。そこで I like fish. の fish は continuous なイメージか discrete なイメージか判断が難しいです。ところが discrete なイメージの fishes はいろいろな種類の魚をイメージするので、I like fish. の fish は continuous なイメージです。

discrete なイメージのものは、例えば「犬が好きです」は、普通は I like dogs. と -s をつけます。ところが「果物が好きです」は fruit が continuous なイメージなので、I like fruit. と言います。-s がつかないのです。

いつも不思議に感じていますが、野菜 some vegetables は多くの場合は分離している discrete なイメージです。

continuous なイメージの vegetable は動物か植物かのように、総称として集合的に使う「植物」の意味になります。

「野菜が好きです」は I like vegetables. と言い、-s がつきます。

多分 vegetables は根や葉など草木全体を個々に分けて境界線をイメージするので discrete で、fruit は木の一部分のイメージなので、continuous になるのだろうと推察できます。

しかし葉や花は草木の一部分なのに、多くの場合は leaves, flowers と境界線で分離する discrete なイメージです。前に述べましたが discrete か continuous かは、ものの形や状態からは、簡単に分類して判別できる特徴がないのです。

バイリンガルの息子が 2 歳の頃、初めて言った英語は cars でした。-s がついていることに驚きました。明確に分離している discrete なイメージのものは、辞書原型の [car] ではなく、-s がついている単語 cars を先に学習してしまうとも考えられます。

2 連続しているイメージが強いもの

| Step 19 | space, spaces: some space, some spaces

147　space

148　spaces

149　some space

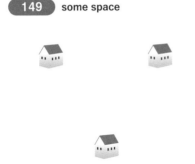

150　some spaces

151　some space

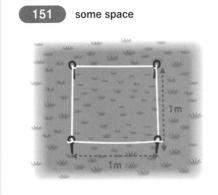

152　some spaces

▶ space

My soul is not restricted by time and space.
The rocket is flying in outer space.

上の例文を見て space のイメージを思い浮かべてみましょう。

　辞書に載っている原型 [space] のままの space は virtual で continuous な空間です。

　限定詞を使わない∅（ゼロ）の名詞句の space は、頭の中で抽象化している virtual な「空間」で、典型的な「空間というもの」をイメージします。

　語尾に -s をつけない space は、明確な境界線のない、どこまでも続くイメージの continuous な空間をイメージします。

　まずは、連続している、明確な境界線のない空間をイメージしてください。外に出て、空と地上の間にある「空間」あるいは星と星の間にある「空間」を眺めてください。その空間には明確な境界線はなくどこまでも続いています。

　次にその空間を頭の中で抽象化してみてください。そして典型的で誰にでも共通するような空間のイメージを洞察してみましょう。抽象的な「空間というもの」のイラストを描いてみてください。とらえどころのないものなのでそれをイラストにするのは非常に難しい作業です。それぞれの人によってそのイラストは異なるでしょう。絵 147 を参考にして自分なりのイメージを作り上げてください。

　限定詞を何も使わない∅の名詞句で -s のつかない outer space は、頭の中で想像している、どこまでも続く宇宙空間です。

　下の例文のように、まだ存在しない空間は狭くても抽象化した virtual で continuous な空間です。

Could you make space on the desk for my notebooks?

▶ spaces

Open spaces are rare in Tokyo.

　名詞の語尾に -s をつけた spaces は、「もの」と「もの」の間にあり、明確な境界線で区切られた discrete なスペースをいくつかイメージします。

　名詞の前に限定詞を何も使わない∅の名詞句 spaces を見たり聞いたりした場合、

103

「スペース」を頭の中で抽象化してみてください。誰にでも共通する典型的なスペースです。抽象化した virtual で一般的な「スペースというもの」を思い浮かべてください。

　駐車場や家や本の中でスペースを探してみてください。車と車の間や本箱の中の本と本の間、本箱とタンスの間、文と文、文字と文字の間にスペースがありませんか。それらの「もの」と「もの」の間にいくつかあるスペースの典型的なイメージを洞察し、抽象的なイラストを描いてみてください。p.102 絵 148 を参考にしてください。

---

space と spaces

英語の space と spaces は、同じ単語でも異なるイメージを持っています。
space のように -s を使わないと、明確な境界線がなく形の定まらない空間になります。
spaces のように語尾に -s をつけると、境界線で区分けされたスペースになります。
同じようなイメージのある単語には、次のような例があります。

　　room/rooms　　shape/shapes　　distance/distances　　capacity/capacities
　　height/heights　　depth/depths

　監修の Peter Ross は p.103 の spacecs の例文 open spaces は actual のような気がすると言っています。
　［space］は continuous のイメージが強く、actual で continuous な some space の方をよく使うそうです。

▶ some space

There is some space among the houses.

　some space は具体的で actual な、連続している continuous な空間です。
　some space と見たり聞いたりした場合、具体的にある外の空間、部屋の中の空間などを思い浮かべてください。限定詞を何も使わない space は想像している無限の空間をイメージしますが、限定詞 some を使う some space は、p.102 絵 149 のように、具体的に実在する actual で限定された空間をイメージします。
　このような continuous な空間に some を使い some space とすると、some はいくらかのという数量ではなく、限りなく続くイメージをそこからそこまでと限定してしまいます。

　次の例文を見て some space, much space などのイメージを想像してみてください。

> There is some space between those two trees.
> There is not much space between our house and the one next door.
> My office has a lot of space.
> Could you leave enough space for my suitcase ?
> I want to give you some space to be alone.
> （あなたが一人でいられるゆとりをあげたい）
> Butch, you need to give Sylvia some space.
> （Butch, Sylvia と少し距離をおきなよ）

▶ some spaces

> I found some spaces in the parking lot in front of the station.
> The word "the" takes up three spaces.

　some spaces は具体的で actual な分離した discrete なスペースのイメージです。境界線ではっきりと区切られたスペースが具体的にいくつかあることをイメージします。

　some spaces と見たり聞いたりした場合、このページの文と文、単語と単語、文字と文字の間のスペースや p.102 絵 150 のような本と本の間のスペース、あるいは絵 152 のような駐車場のスペースをイメージしてみてください。

2 連続しているイメージが強いもの

Step 20 | time, times: some time, three times

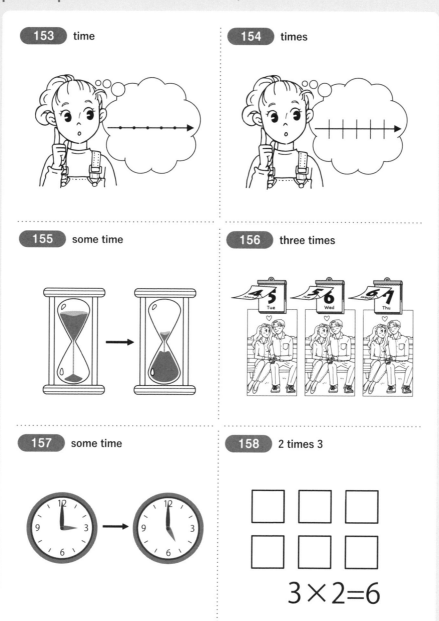

153 time

154 times

155 some time

156 three times

157 some time

158 2 times 3

$$3 \times 2 = 6$$

▶ time

Time flies like an arrow.
Time is money.

名詞の前に限定詞を使わない Ø（ゼロ）の名詞句 time は、抽象化した virtual な「時間というもの」をイメージします。time は頭の中で想像している典型的な「時間というもの」で、一般的な時間のことを言います。

さまざまな時間のイメージを、典型的で誰にでも共通するようなイメージにして、その抽象的なイメージのイラストを描いてみてください。そのように抽象化して頭の中に描いた典型的な時間が virtual な time です。

語尾に -s のつかない time は連続している continuous な時間です。
時間のいっとき、いっとき、が結びついて連続しているイメージです。
刻々と流れる一瞬一瞬が点、点と続いている折れ線グラフのようなイメージです。

左ページの絵 153 を参考にして virtual で continuous な時間のイメージを自分なりに作り上げてください。

time と見たり聞いたりした場合、目には見えない、聞こえない、触れないけれど、過去から未来へと刻々と流れていると感じる時間をイメージしてみてください。ぼんやりと期限のない「時間というもの」やあるいは、瞬時の「一点の時」を表します。

数多くの例を見て time をイメージしてください。

Time heals all wounds.
Your understanding of time and space is different from mine.
Time passed very slowly when I was a child.
Olivia is learning to tell time.
There is still time for Mama to watch T.V.
I should make time to study English.
Do you have time for coffee?
I'm sorry. I don't have time to see you today.
Because we were late catching our train, we didn't have time to eat dinner.
It's time to go to bed.

▶ times

Times are changing.

　名詞の前に限定詞を使わない Ø（ゼロ）の名詞句 times は、頭の中で抽象化している典型的で virtual な「時間というもの」をイメージします。語尾に -s をつけた times は、境界線で分離している discrete な時間をイメージします。

　virtual で discrete な times とは、どのようなイメージの時間でしょうか。

　p.106 絵 154 は times のイメージとして境界線で区切られている時間の典型的なイラストを抽象的に描きました。

　前に述べたように英語の名詞「もの」や「こと」は、目に見えなくても境界線で区切って、分離している discrete なイメージにしてしまうという特徴があります。

　名詞の語尾に -s をつけるかつけないかで、連続している continuous なイメージと境界線で区切って分離している discrete なイメージを決定してしまいます。

　　例文を見て、分離している discrete な times をイメージしてみてください。
　　Mito Komon lived in feudal times.
　　（水戸黄門は 封建時代に生きていた）
　　Hard times came after good ones.
　　（好景気の後に不景気がやってきた）
　　At times, I regret that I didn't put more effort into studying English hard.
　　（もっと努力しなかったことを時折後悔する）
　　When I was a child, there were often times when I hated going to school.
　　（子供の頃、学校に行くのが嫌なときがたびたびあった）
　　In every person's life, there are times when s/he feels lonely.
　　（誰の人生にも、寂しく感じるときがある）

　times は上の例のように、日本語では「時代」「時勢」「時折」「時／場合」などの意味になります。文例からわかることは、分離している discrete な times は出来事に費やされる時間です。出来事に費やされる時間には始まりがあり、終わりがあり、始まりと終わりが境界線で区切られているイメージになります。

　そして Ø の名詞句の times は頭の中で抽象化している virtual で典型的な「時間というもの」です。p.106 絵 154 のように、始まりと終わりの境界線で区切られる、典型的で一般的な「期間というもの」をイメージします。

virtual で continuous な life と virtual で discrete な lives

　time/times のように、連続している continuous なイメージと、始まりと終わりの境界線で区切られ、分離している discrete なイメージが同じ単語で表されている名詞句には次のような例があります。参考にしてください。

　　　life/lives　　experience/experiences　　memory/memories
　　　hope/hopes　　connection/connections　　change/changes
　　　sound/sounds　　noise/noises

　次の例も参考にしてください。

　以下は p.106 絵 153 のように、virtual で continuous なイメージで、一般的なことを述べています。

Of course, there is life on other planets.
（もちろん、他の星にも生命というものがいる）
There is no life on the moon.
（月には生命というものはいない）
Butch brought the child back to life.
（Butch がその子の命を取り戻した）
Learning goes on throughout life.
（学習は一生続く）
Life in Tokyo is exciting.
（東京での生活は刺激的だ）
Married life is not always happy.
（結婚生活はいつでも幸せではない）
Ruby has no social life because she stays at home all the time.
（Ruby はいつも家の中にいるので、社会生活がない）
In real life, it's not easy for dreams to come true.
（現実の生活では、夢がかなうのはたやすくない）
Tim recited the multiplication tables from memory.
（Tim は記憶した掛け算を暗唱した）
Butch didn't get the job because of his lack of experience with computers.
（Butch はコンピューター技術の経験不足でその仕事に就けなかった）
Teria gained work experience while she was still in high school.
（Teria は高校生の間に仕事の経験知を手に入れた）

　以下は p.106 絵 154 のように、virtual で discrete なイメージで、一般的なことを述べています。
The couples live happy lives.
The festival in our town brought back memories of when I was a child.
（私たちの町の祭りで子供の頃の思い出がいくつもよみがえりました）

▶ some time

Do you have some time?

some time は具体的で actual な、連続している continuous なイメージです。語尾に -s がつかないと、continuous なイメージの時間になります。

some time のように、限定詞 some を使うと客観的に存在し、具体的に感じる actual な時間をイメージします。

時間はりんごや水とは違って「目に見えないもの」です。「時間」のように目に見えないものは、抽象的なイラストでは表現できても、目に見える具体的で actual なイラストにすることは非常に困難です。

見えない時間を目で見えるようにできますか。砂時計や時計は、感じるだけの時間を目で見えるようにしていませんか。時計を見ると点々と動く、具体的な時間を感じることができませんか。

p.106 絵 155, 157 は思い浮かぶイメージの中で、あくまでも代表的な場面を絵にしてみました。絵を見ながらさらにご自分でイメージをふくらませてください。

some time と見たり聞いたりした場合、砂時計や時計などを思い浮かべ、具体的に感じる、点々と連続している、ある一定の時間の流れをイメージしてください。

限定詞 some を使うと、時間を具体的に感じるものにするだけでなく、ずっと続いている時間の流れを一点から次の一点にまで限ってしまいます。逆に限定詞を何も使わない Ø（ゼロ）の名詞句である time は、頭の中で抽象化している無限に続く、あるいは一時点の時間をイメージします。

例文を見て some time や much time, a little time などのイメージを思い浮かべてみましょう。

Our picnic was planned some time ago.
Sylvia arrived at her appointment with a little time to spare.
How much time do you need to cook dinner?

否定文では some が any になります。
I don't have any time.
Smoking is not permitted at any time.

some beauty

　some time のように some を使うと「時間」が具体的なイメージになると知りました。そこで beauty（美）のように抽象的な概念に some を使って some beauty といったら、どのようなイメージになるのかネイティブに尋ねたところ、「some beauty は科学が進歩して美のエキスを取り出せたら、そのエキスが some beauty だ」と答えてくれました。

　それまで私には some beauty がどのようなイメージか全く想像できなかったのです。しかし some ということばひとつ使うだけで美が見えて、触れることができて、匂う、実在する「もの」になるのです。まさに英語の不思議な世界に入り込んだ気がしました。

　ちなみに some beauties のように -s をつけると、個々に独立している人間を表し、「美しい人たち」という意味になります。

▶ ~~some times~~

　理論的には限定詞のひとつである some を使って some times と言えますが、sometimes（時々）と同音になり、まぎらわしいので使いません。

▶ sometimes

Sometimes, Tim is very mean.　（時々、Tim はとてもいじわるだ）
Teria sometimes sees her Grandmother.

　some と times をつなげて一語にした sometimes は具体的で actual な分離している discrete な時間です。始まりと終わりの境界線で区切られた時間が具体的にいくつかあるイメージです。日本語では「時々」という意味になります。監修の Peter Ross にとっては at times のように virtual な気もするそうです。

▶ three times

Sylvia meets Albert three times a week.
Sylvia saw the movie five times.

　three times は具体的で actual な分離している discrete な時間です。

　始まりと終わりの境界線で区切られた、実際にあると感じる、actual な時間になります。p.106 絵 156 のようなカレンダーやあるいは年表や時計を思い浮かべることができます。

　期間が区切られた出来事に費やす時間は日本語ではいろいろに翻訳されます。回数、度数などです。three times, many times などの例文を見てどのようなイメージになるか、見てみましょう。

Mama calls at least three times a day.
（Mama は少なくても1日に3回は電話をかけます）
How many times have you been to New York?
（New York に何回行きましたか）
Zero times.
None.

回数がゼロのときでも zero times と言い、-s がつきます。
一度の場合には this one time と言い、-s はつきません。
　I'll do it just this one time.
1度2度，1回2回の場合には普通、once, twice を使います。

　分離している discrete な three times などは、p.106 絵 158 のように、何倍かの
倍数を表わすこともあります。

Two times three is six. は、3 が 2 回（two times）あると解釈します。
　Mt. Fuji is 6 times taller than Mt.Takao.
　（富士山の高さは高尾山の6倍です）
　Vegetables cost two times(twice) as much as they used to.
　（野菜が前より2倍も高い）

回数や度数、あるいは倍数は three, four, five などの数や many,
a lot of, several, a few などの数を表すことばを使って表します。

actual な experience と experiences

　以下は p.106 絵 155,157 のように、actual で continuous なイメージです。具体的なことを述べています。

> **When you're applying for a job in Japan, your education is often more important than your previous experience.**
> （日本で仕事に志願する場合は、前の経験（知や技術）よりも教育の方がより重要です）
> **Albert wrote a story based on his personal experience.**
> （Albert は自分の個人的な経験（知識）を基にした物語を書いた）

　以下は p.106 絵 156 のように、actual で discrete なイメージです。具体的なことを述べています。

> **A: Tell me about your first kiss.**
> **B: It was an experience I'll never forget. I was with my girlfriend in the park.**
> （絶対に忘れない体験のひとつです）

　a, the, my については、後で説明します。

次に virtual なイメージをまとめて見てみましょう。

連続しているイメージが強いもの

virtual なイメージ

159 water

160 waters

161 space

162 spaces

163 time

164 times

分離しているメージが強いもの

virtual なイメージ

165 apple

166 apples

167 glass

168 glasses

169 cars

第Ⅲ章

限定詞
some / a / the / my
などを選ぶ

Ⅲ-1 限定詞とは？

限定詞に気をつけながら物語を読んでみよう

It was a time in Texas when the Comanches looked at all of the beautiful earth and felt it was all theirs, and would go on forever and ever. They moved from camp to camp, taking what they needed. They cut much wood for fires and for lodge poles, and they did not replant. They took all the plants, and all the roots and never replanted. The game also was killed for meat, and hides, and blankets, and did not reproduce.

Then a time of drought happened, when the land was barren and dry. Nothing would grow. The rains would not come to nourish the land, and people prayed and sang and danced to their gods, and asked what they had done to deserve this fate.

And they sent their shaman, their medicine man up to the tallest hill. And he prayed to the gods while the people danced and sang and drummed down below.

And when the shaman came back to the people, he said to them, "I have spoken to the Great Spirits, and they have told me that we must sacrifice something. The people have become selfish. For years they have taken from the earth without giving anything back. The Great Spirits say the people must sacrifice."

There was a young girl whose whole family had died. She was just a child. Her mother, father, sisters and brothers were all gone. The only thing she had from the old days with her family was a small doll, a warrior doll that she carried with her everywhere.

　コマンチ族の人々は、テキサスの美しい大地をすべて自分たちのもの、いつまでもずっと滅びることなく続くものと信じていました。人々は定住することはなく、移動しながらそのときどきに必要なものを採りながら生活をしていました。火を焚くため、小屋の柱を作るためにたくさんの木を切り倒しましたが、新しい苗を植えることはしませんでした。食べられる木の実や草を根こそぎ取ってしまっても、種を蒔きませんでした。食べるための肉や毛皮を作るために動物を殺しても、次の新しい生命を育てませんでした。

　ある年、干ばつが起こり、大地は乾き、荒れ、何も育たなくなりました。一滴の雨も降りませんでした。人々は神々に祈り、歌い、踊りました。彼らのどんな行ないがこのように子どもや老人が死んでいく定めを招いてしまっているのか、神々に尋ねたのです。

　そして部族の祈祷師であるメディシンマンが台地の上に登り神々に祈りました。その間、人々は台地の下で踊り、歌い、ドラムを打ち鳴らし続けました。

　戻ってきた祈祷師が言いました。
　「神々と話した。何か捧げものをしなければならないというお告げだった。私たちはわがままになり、長い間大地から得るものだけを得て、大地に感謝しお返しすることを忘れていた。神々は言われた。『捧げものをせよ』と」

　この干ばつの村に、家族が皆、死んでしまった女の子がいました。ほんの小さな子どもでした。お母さんとお父さん、そして姉さんや兄さんたち皆、死んでしまったのです。この女の子の持っているものはたったひとつ、家族皆一緒だった頃から、いつでもどこでも持っていた小さな戦士のお人形でした。（福原信子訳）

▶ 名詞句のクライテリアとなる 4 つのイメージ

ここまでは「もの」や「こと」はどのようなイメージなのかによって、ネイティブはことばを選んでいることを見てきました。英語のクライテリアとなるイメージを用いて「もの」や「こと」を明確にイメージできると、ネイティブと同じ英語の世界を共有できることを説明してきました。

繰り返しになりますが、ネイティブが名詞句[(some)＋名詞(s)]を発するとき、ことばを選ぶためのクライテリア（選択基準）となるイメージは 4 つあります。もう一度提示します。

その「もの」「こと」は、

1) **分離している discrete（ディスクリート）なイメージなのか**
2) **連続している continuous（コンティニュアス）なイメージなのか**
3) **具体的で actual（アクチャル）なイメージなのか**
4) **抽象化した virtual（バーチャル）なイメージなのか**

です。

ここまでは上記のそれぞれがどのようなイメージなのかを紹介してきました。名詞を使うときのクライテリアとなるイメージを提示し、ネイティブが見ている世界、視点を見てきました。そのクライテリアを身につけることで、ネイティブの言う「もの」「こと」のイメージを明確につかむことができるようになり、自分が言いたい「もの」「こと」を表すことばを選ぶことができるようになります。

さて p.118 には英語の物語の一部を紹介しています。その物語の名詞句を読み、上記の名詞句のクライテリアを当てはめて、物語のイメージを思い浮かべ、味わってみてください。

物語の英文はストーリーテラーが語っている、録音された物語を文字に起こしたものです。ネイティブが自然に話している文です。特に名詞と一緒に使うことばに注目してください。たくさんの the が使われていることに気づくと思います。限定詞の a, the, my については、のちほどのステップで詳しく検討していきます。

ところで自分で英文を作り、ネイティブにチェックしてもらうと、いつも一番多く直されるのが a や the、my や -s です。しかも私は a や the、my や -s を間違えるのは当たり前に思え、直されても理由がわからないので、同じ誤りを繰り返していました。前著「ネイティブの感覚で前置詞が使える」は増刷のたびに校正する機会があり、ネイティブの校正によって a や the を何回も訂正してきました。ネイ

ティブでさえ迷うのだから私が間違えても仕方がないと、理解することをあきらめてしまいそうでしたが、a や the や my を使う名詞句とは一体どのようなものか、地道に研究に取り組んできたことで多くのことがわかってきました。

▶ actual か virtual か

　これまでは初めに名詞に -s がついているかどうかを考察してきました。

　-s がついている場合は「もの」が分離している discrete なイメージになります。

　次に ∅(ゼロ)の名詞句かどうかを考察しました。

　∅ の名詞句の場合は、抽象化した、典型的で virtual なイメージになります。

　some を使う場合は、具体的で actual なイメージになります。

　さらに限定詞 determiners、例えば some, a, the, my などを使う場合は、具体的で actual なイメージになることをこれから詳しく検討していきます。

　私たちの周りにある「もの」、見たり聞いたり触れたりすることのできる「もの」は具体的で actual な「もの」です。ところが英語の世界では、限定詞 determiners を使うと、見えない、聞こえない、触ることのできない「時間」や「真実」や「知識」などの抽象的な「こと」も、まるで見たり、聞いたり、触ることができるように感じる、具体的で actual なイメージにしてしまいます。

　そして絶対に守らなければならない英語のルールというものがあります。それは当たり前のことですが、名詞の前に限定詞 determiners を使わないと、∅ の名詞句になり、∅ の名詞句は抽象的化した典型的で virtual なイメージになります。話し手が一般的な「もの」「こと」を話していることになります。

　そして具体的で actual な「もの」「こと」について話すならば、名詞の前に必ず限定詞 determiners を使わなければならないのです。

▶ 限定詞 determiners とは

p.118 の物語でも見られるように、限定詞 determiners は some や much のほか
にも a, the, their, her などがあります。限定詞と言われることばは以下の 4 つのグ
ループに分けられます。

1) some のグループ（数量を表す）
2) a のグループ（どれかひとつを表す）
3) the のグループ（指示を表す）
4) my のグループ（所有を表す）

そしてそれぞれのグループには次のようなことばが属しています。
1) some のグループ
some, many, a lot of, most, several, enough
any, a little, much
one, ten, fifty, 100, 2020
all, both, either, neither, each, every
2) a のグループ
a, an, another
3) the のグループ
the, the other
this, that, these, those
such, what, which
4) my のグループ
my, your, his, her, its, our, their, Tom's, Sally's

さらに英語の厳しいルールがあります。上記の限定詞を使う場合、名詞の前に必
ずひとつのみを選びます（a lot of, a little, the other などは熟語としてひとつのこ
とばとします）。

2 つ重ねて選べるのは the ＋数、例えば the two apples だけです。

よく the my friend とか my two friends など、重ねて使う誤りをしがちですが、
気をつけましょう。正しくは two of my friends です。

These are my two friends. のような my two friends は、「友達 2 人」が対にな
っていて、まとめて 2 人について述べているという特殊な意味の場合だけ使います。

また、日本語でも英語でも「大きな犬（a big dog）」のように名詞の前に形容詞を使いますが、ここでは形容詞を取り除いた a dog を名詞句とします。英語の名詞の世界とは、名詞句の世界のことであり、本書で扱うのは形容詞を取り除いた名詞句です。

Ⅲ-1 限定詞とは？

Step 21 | 名詞句を作る

170 apple

171 apples

172 some pieces of apple

173 some apples

174 a piece of apple

175 an apple

176 the piece of apple

177 the apple

178 the pieces of apple

179 the apples

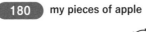

180 my pieces of apple

These are my pieces of apple.

181 my piece of apple

This is my piece of apple.

182 my apple

This is my apple.

183 my apples

These are my apples.

▶ 限定詞 determiners を選ぶ

りんごの話をする場合に、英語ではどのことばを選んで名詞句を作るかをもう少し詳しく検討してみましょう。

自分が「りんご」と、英語で発するとき、最初にそのりんごは分離している discrete なものなのか、連続している continuous なものなのか、を決めます。

そして分離している discrete な丸ごとのりんごの場合には -s をつけて、apples とします。2個以上のりんごがある場合には、名詞の語尾には -s をつけておきますが、1個だけの場合には特別で「-s をトル」と考えます。

次に抽象化した virtual な「りんごというもの」であるかどうかを決めます。一般的で典型的な virtual な「りんごというもの」であれば p.124 絵 170 のように apple、絵 171 のように apples と言い、名詞の前に何も使いません。名詞の前に限定詞 determiners を使わない Ø(ゼロ)の名詞句になります。

Ø の名詞句でない場合には、りんごの状態によって限定詞 determiners を、4つのグループの中からひとつを選びます。4つのグループの限定詞からひとつ選ぶと p.124, 125, 126 のような組み合わせの名詞句ができます。

- **some のグループ**(数量を表す)で、
  p.124 絵 172 some pieces of apple か、173 some apples か。

- **a のグループ**(どれかひとつを表す)で、
  絵 174 a piece of apple か、175 an apple か。

- **the のグループ**(指示を表す)で、
  p.125 絵 176 the piece of apple か、177 the apple か、
  178 the pieces of apple か、179 the apples か。

- **my のグループ**(所有を表す)で、
  左ページの絵 180 my pieces of apple か、181 my piece of apple か、
  182 my apple か、183 my apples か。

りんごの状態によってどれかを選びます。

　限定詞のグループの中からひとつだけ選びます。ここでも選ぶのはひとつだけで、ことばを重ねることはできません。

　のちほど詳しく説明しますが、actual な「もの」や「こと」の話をするときには、限定詞を 4 つのグループの中からどれかひとつを選ばなければならないことが、英文に the や所有格（my など）が頻繁に使われている要因です。

　p.124, 125, 126 の絵を見てください。りんご apple に -s をつけるかつけないか、限定詞 determiners を使うか使わないかで、イメージが決定します。

　-s の有無と限定詞の有無が p.124, 125, 126 のような 14 通りの名詞句を作り、絵のようなイメージになります。

　ネイティブは名詞句のクライテリアを使い、このようなプロセスを瞬時に経て、名詞句を作り、自分の言いたい「りんご」を表現しています。

　バイリンガルの息子が p.124, 125, 126 の絵を見て、「日本語のネイティブが英語を話すのは大変だな」とつくづくと言いました。日本語から英語への翻訳が難しいのは、当たり前です。

> **冠詞**
>
> 　名詞の前に使う a や the は冠詞と呼ばれます。冠詞の a や the は限定詞の一部です。限定詞 determiners は、上で説明したように、名詞の前に使うことば、some, a, the, my などのグループです。この本では冠詞 a, the だけでなく、限定詞も検討していきます。

それでは次のステップで some, a, the, my の世界を検討していきましょう。

Ⅲ-2 a の世界を考察する

絵を見て、実際に触ってください

184

185a

185b

185c

186

187

▶ いくつかの中からひとつを選ぶ a

　ここでは限定詞 a について検討していきます。英語において、特に a と the を使い分けることに迷うことはありませんか。それぞれどのような場合に使うのか、詳しく検討していきます。絵を見ながら、しっかりとクライテリア（選択基準）となるイメージをつかんでください。

　以下の英文の指示に従って実際に動作してみてください。
Could you please touch an apple in picture 184?
左ページの絵 184 のりんごの中からひとつ選んで触ってください。

　あなたはどのりんごに触りましたか？
please touch an apple のように an apple を使った場合には、どのりんごに触れても正解です。絵 185a,b,c のように「いくつかのりんごの中から、どのりんごでもいい、1 個のりんごを選ぶ」場合には a/an を使い、an apple と言います。

> **a と an**
> an は名詞の始めの音が母音の場合に a の代わりに使います。
> 例えば an idea, an eraser, an egg, an orange, an umbrella のようにです。

　ここで重要なことは、左の絵 185a,b,c のりんごは「丸ごとのりんご」だということです。
　an apple は分離している discrete な丸ごとのりんご 1 個です。some apples（丸ごとの discrete なりんご何個か）の中から、どれか 1 個を選ぶ場合に an apple を使います。英語の世界では、a/an を使うと、絵 185a,b,c のように、背景にいくつかの同じものを同時にイメージします。

　実は a の使い方は、私にとって長年の課題です。かつてアメリカの大学の講義で、ある教授が "a truth" と言って、a を強調していました。私はそれまで truth は the を使って "the truth"（唯一の真実）というものだと思い込んでいたので、そのときの "a truth" がとても印象的でした。その教授は「真実はひとつだけでなく、いくつもある」という信念を、その "a" で主張していたのです。

　前著「ネイティブの感覚で前置詞が使える」では、何度も英文の直しが発生しました。その中で a/an を使うのか、the を使うのかの直しが一番多かったのです。絵の本書きをしたあとなのに 130 ページの

　　186 The bugs are standing in a line.

　　187 Ruby is in a circle of sea munchkins.

のように、どうしても a/an を使用したい状況では、絵を描き直さなければなりませんでした。描き直しというより、その絵の中の「もの」や「人」の数を増やす必要があったのです。186, 187 の絵のように、あとから増やしたために絵が少し不自然なものもあります。

　つまり a/an を使うためには、ひとつだけのもの、一人だけの人でなく、背後にいくつかあるいは何人かを思い浮かべることが必要なのです。これはネイティブにとって a/an を選ぶときには当たり前と言っていいくらいの感覚のようです。

　ネイティブの頭の中の、a/an を選ぶプロセスを以下に表してみました。流れに沿って、想像してみましょう。

　ネイティブは「もの」を見たり、考えたりしたときに、まずその「もの」が分離している discrete なものなのか、それとも連続している continuous なものなのかを瞬時に判断します。

A　　　　　　　　　　　　　　　　　B

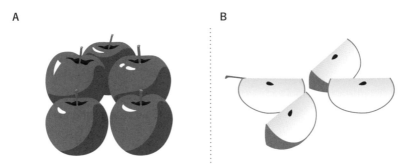

　上の絵 A のように、その「もの」が分離している discrete なものだと判断したときには some apples のように apple の語尾に -s をつけます。

　もしくは、絵 C のようにそのうちのどれか 1 個を選ぶ場合には a/an を使い、語尾の -s を取ります。

　an apple のようにです。

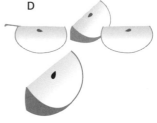

　絵 B のように、連続している continuous なものには、some pieces of apple のように形を表すことばを使います。apple には -s がつきません。

　さらに絵 D のように、そのうちのどれかひとつを選ぶ場合には a piece of を使い、pieces の語尾の -s を取ります。a piece of apple のようにです。

　以上です。

　プロセスだけを見ると非常に複雑なことをしている印象がありますが、ネイティブはこれらのプロセスを頭の中で一瞬のうちにしているのでしょう。このようなプロセスを何度も何度も繰り返しているうちに自動的に決定することができ、自分の言いたい表現を発しているのだと思います。

Ⅲ-3 指示語 the の世界を考察する

絵を見て、実際に触ってください

188

189

190

▶「どれか」を指している the

　以下の英文に従って、左ページの絵 188 のりんごの中からひとつを実際に触ってください。

Could you please touch the apple in picture 188?

　さて、188 の中のりんごどれかひとつを選べたでしょうか。

　please touch the apple のように、the apple を使って指示された場合、読者の皆さんは指示した私に "Which one?"（どのりんご？）と、聞いて確かめないと触れません。私が the を使う場合は、（私は）どのりんごであるかを決めているからです。反対に、どのりんごでもいい場合には、前に述べたように an apple と言わなければなりません。

　次の指示ではどうでしょうか？

Could you please touch the big apple in picture 189?
　絵 189 のりんごの中から大きなりんごを触ってください。

　今度はどのりんごかすぐにわかりましたよね。絵 189 では、大きなりんごが 1 個だけあり、話し手も聞き手も、書き手も読み手も、どのりんごを指しているのかわかります。双方に共通の理解があります。

　ところが絵 188 のように同じようなりんごがいくつもある場合には、聞き手にはどのりんごに触っていいのかわかりません。話し手の指示に対して、Which one?「どのりんご？」と聞き手は心の中で聞き返します。

　ネイティブは「the」と聞くと、自動的に「which one?」と聞き返しています。

　話し手は the を使うときには、聞き手にも「どれ」を指しているのかわかるように、文で説明しなければなりません。例えば、

Could you please touch the apple which is at the back of picture 188?

　a でも the でも話は通じたから、どちらでもいいじゃない、と思っているかもしれません。そこで a と the の間違いについて少しお話しましょう。

　ある日コーヒーを入れていた私が、スプーンの入っている食器棚の前にいた夫の Peter に、I want the spoon. と言うと、すかさず Which one? と尋ねられました。

　私はどのスプーンでもよかったので「そんなこと説明しなくてもわかるでしょ！」と、腹が立ちました。しかし話し手が the を使うと、聞き手は which one? と即座に問いかけていることが、この出来事から印象づけられました。どのスプーンでも

135

よかったら、I want a spoon. のように、a を使うべきだったのです。

また、言語学の教科書に載っていた話があります。

ある小さな女の子が足から血を流しながら、お父さんに The dog bit me! と言ったので、父親はとっさに家の犬をひどく叱りました。なぜなら the dog と聞いた父親は、女の子も父親も知っている、家の犬だと思ったからです。女の子はあわてて、外にいた見知らぬ犬が噛んだと言いました。

このように the を使うときには、聞き手や読み手がわかるように、話し手や書き手はどれを指しているのか、説明する責任があります。

There were a dog and a cat on the street. The dog bit me!

The apple that Butch gave me a week ago is still in the fridge.

▶ 心の中で指示する <u>the</u>

私の息子は4歳半まで日本にいて日本語を話していました。その後アメリカで過ごし、小学生のときにはすでに英語で生活していました。7歳の息子に the の使い方を聞いたところ、さっと電灯を指差して "the light" と言いました。そのとき、the は this や that と同じ指示語なのだと確信しました。特定のりんごを実際に手で指し示す場合、近くにあるときは this を使い this apple（このりんご）と言います。遠くにあるときは that を使い、that apple（あのりんご）と言います。これは日本語の指示語「あれ」「これ」「それ」「あの」「この」「その」に似ています。

そこで the apple のイメージのイラストには、p.134 絵 190 のように、指示している指を描きました。

p.118 の物語で取り上げた英文でわかるように、the は驚くぐらい、とても頻繁に使われています。アメリカの学校では、なるべく the を使わないように指導する、と聞いたことがあります。日本語の指示語を使う場合よりもかなり広い範囲で使われています。the は日本語の指示語とはどのように違うのでしょうか。また、the を使わなければならない場合もあります。さらに検討していきましょう。

p.134 絵 189 を見てください。次の英文の指示に従い、実際に動作してみてください。

Look at the big apple. （大きなりんごを見てください）

指示した私も、指示を受けた読者の皆さんも、絵の中の大きなりんごを見ただけ

ですよね。前に出した指示、touch the big apple の場合のように実際に指でささなくても、特定のりんごに視線を向けるだけの場合にも the を使います。次の文でも視線だけを向けます。

Look at the apples in picture 188.

（絵188の中のりんご全部を見てください）

次のような場合はどうでしょうか？

Mari drew the big apple in picture 189.

　私は p.134 絵 189 を見て、心の中で大きなりんごに焦点を絞り、意識だけを向けていました。心の中で意識だけを向けている場合にも the を使い、the apple と言います。それに読者の皆さんは絵 189 を見れば、私がどの the big apple のことを言っているのか分かると思いました。

　このように、ネイティブは話し手と聞き手がお互いに「どれ」を指しているのか分かる場合だけ、the を使うと言っています。the を使うときには共通の理解が欠かせないのです。それで前の話で触れたように、聞き手は自分が知っている「もの」のことを言っていると思い込んでしまうこともありますので、話し手は常に注意しなければなりません。

　あるネイティブは「話し手と聞き手の両方が、どのことを言っているのかわからないものには the は使えない」とまで言いました。

　なので話し手や書き手は、聞き手や読み手を考慮して、

Will my listener/reader know which one(s) I'm talking about? と、

そのつど自問しているそうです。そして聞き手や読み手がどれを指しているか分かるように説明します。

▶ 慣習の the

　私たちが知らなければならない the の用法があります。それは必ず the を使わなければならない場合です。

　話し手と聞き手の両方の世界に、たったひとつしかないもの、例えば **the sun, the moon, the earth** には the を使わなければなりません。**a sun** と言うと、地球から見える太陽ではなく、宇宙の中のあるひとつの恒星となります。**a moon** と言うと、他の惑星、例えば木星の周りを回っているものにもなります。

さらに慣習的に、話し手と聞き手のお互いが暗黙に了解しているものがあります。
例えば、どこの家にもあるであろう、トイレや台所、居間などには the を使い、

>I went to the bathroom.

>My mother is cooking in the kitchen.

>We watched TV in the living room.　と言います。

あるいは話し手の生活範囲にある、よく行く場所にも the を使っています。

>I am going to the convenience store.

>the bank.

>the post office.

>the park.

昔は町には一本だけ通っていただろう、汽車やバスや地下鉄の路線にも the を使います。

>Papa took the train to Osaka.

>Mama took the bus to Tokyo station.

>I took the subway from Shibuya to Ginza.

今でもどのことを言っているのか説明をしなくても the が使えます。

ところが次のように自動車 [car] は、

>I took my car to Osaka.　のように the は使いません。

the を使うと、どのことを言っているのかを説明しなければなりません。

>I had an accident in the car that I bought last week.

>The car in the driveway isn't mine.

>Yesterday, I decided to buy the car that we looked at last week.

the train や the bus、the subway 以外のほかの乗り物には a/an を使います。

>I took an airplane to New York.

>I took a taxi to Narita.

>I drove a rent-a-car to Boston.

>I took a ship to Miyake Island.

　このように英語を話す人々にとって慣習になっている「もの」や「こと」に the を使う場合は実際に使われている英語を通して学習しなければなりません。

▶ 強調の the

　始めは聞き手にわからなくても、どれを指しているのか、あとから説明する場合もあります。

　Tom Hanks と Meg Ryan 主演の映画 " Joe Versus the Volcano" を観ているときに、いろいろなスーツケースが並んでいる店で、店員が "The suitcase!" と、突然、the をとても強調して言い、スーツケースをひとつ見せました。画面では初めて見るスーツケースでした。しかし最後には、海に放り出された主人公２人がその "The suitcase!" に乗ることができ、助かるのです。最初に the を強調することで、Which one? と心の中で聞き返す観客の注意を喚起し、映画の終盤では、それがどれだけ特別なスーツケースなのかを説明しているのです。

　また、ヘミングウェイの「誰が為に鐘は鳴る」では、本の１ページ目の始まりに、突然 the bridge が出てきます。どの橋なのか説明は全くありません。ところが読み進めていくと、the bridge が重要なテーマで、最後に the bridge は爆破されてしまいます。

　このように聞き手、読み手にとって、始めはどのことを言っているのかわからなくても、Which one? と心の中で聞く聞き手、読み手の注意を喚起して、物語全体でその説明をしていくことがあります。the を使うときには、話し手や書き手はどれを指しているのか、聞き手や読み手と共通理解がない場合には必ず、どこかで説明する責任があります。

　ただし先ほど述べたように、世の中でたったひとつしかないものと、慣習になっている「もの」や「こと」には the を使わなければなりません。そもそもわかりやすい指示語 the であるはずなのに、実際に the を使うことが難しい場合が多々あります。

コラム the ＋ 固有名詞

　the が難しい場合のひとつとして、固有名詞に the を使う場合です。人の名前、グループの名前、場所の名前、国の名前、作品の名前、製品の名前など固有のもの、特定のものを表現する固有名詞は、Tim のように名詞の始めを大文字にします。逆に普通名詞の puppy や kitten でも、Puppy, Kitten のように大文字にすると、固有の名前になります。

　多くの場合は次の例のように固有名詞の前には限定詞を使いません。

Peter Ross, Sylvia, Tim, Teria
Tokyo, New York, Japan
Mt. Fuji, Lake Biwa, Miyake Island,
San Francisco Bay, Nikko National Park
Broadway, Fifth Avenue
Tokyo Station, Haneda Airport
Waseda University, Hosei University, Tokyo University
Yomiuri Shimbun

　ところが This morning I met the Peter who I talked about last night. のように、あの、その、例の人という意味で the を使う場合もあります。話し手と聞き手の双方に Peter という名前の知り合いが複数いて、どの Peter の話かを区別したい場合に使えます。何人かいる Peter の中で、話し手や書き手が唯一の人を心の中で指しているので、the は誰(Which one?)を指すのか、説明が必要です。the は、話し手と聞き手との双方の共通理解がどのような状況でも必須であることを忘れないでください。

　固有名詞に -s がついていると、次の例のように the を使う場合があります。

The Rosses are American, and the Tanakas are Japanese.
The Beatles were an English rock band.
the United States of America
the Rocky Mountains,
the Great Lakes,
the Canary Islands

この場合は、いくつかある「もの」全部に焦点を当てているので、the は数ある「もの」にスポットライトを当てて、まとめているイメージです。

　p.118 ページの物語の中でも the Comanches や the Great Spirits は同じようなイメージで the が使われています。

　あるいは次の例のような the を使う場合もあります。広い地域や場所に、スポットライトを当てて特定し、まるでその場所を囲って限定しているイメージになります。

　　the Pacific Ocean, the Sea of Japan
　　the Mississippi (river), the Tama river, the Panama Canal
　　the Sahara (Desert)
　　the Izu Peninsula
　　the Port of Yokohama

　これらの固有名詞の場合には、the を使ってもどれ(Which one?)を指すのか、説明がなくても共通理解があります。

　さらに the を使い、次の例のように特に唯一のものであることを強調する場合にも使っています。

　　The University of Tokyo, The University of Washington

　東京大学やワシントン州立大学を設立した時には東京やワシントン州で初めての唯一の公立の大学であったので、the を使っています。

　ちなみに次のように最上級を使って、唯一無二のものであると表現する場合にも the を使います。

　　Mt. Fuji is the tallest mountain in Japan.
　　Lake Biwa is the biggest lake in Japan.

　p.118 ページの物語の中でも同じイメージで the が使われている例があります。
And they sent their shaman, their medicine man up to the tallest hill.

　それから本のタイトルです。the を使っています。

　　The Grammar Book
　　The Concise Oxford Dictionary
　　The Science of Education

　本の表紙では the が省略されていますが、その本のことを述べる場合には the を使います。

the Longman Dictionary of Contemporary English

the Longman Lexicon of Contemporary English

　同じように唯一であることを強調するために、固有名詞に the を使う場合もあります。

　Dr. Caleb Gattegno が始めた『サイレントウエイ』という教育法の名前を決めるときに、the を使うかどうかを話し合ったと聞きました。最終的に The Silent Way と決定されました。製品や店や会社の名前なども、その名前をつける人が the と固有名詞を使って、唯一無二のものであることを強調することがあります。

The Silent Way

The New York Times, The Japan Times

The Asahi Shimbun, The Mainichi Shimbun

　この場合のように、the は使う人の意図によることがあります。その意思を尊重する必要があります。

　固有名詞であっても、世の中でたったひとつしかないもの、慣習になっている「もの」や「こと」には the が使われています。これらの慣習で使われている the は厄介ですが、根気よく実際の英文例から学習しましょう。

　上記のように the を使うかどうかは時には個人の意志も関係するので、多くの英語に触れて、クライテリアとなる基本のイメージを応用し、連想しながら学習しましょう。

Ⅲ-4 所有格 my などの世界を考察する

絵を見て、実際に触ってください

191

▶ 所有を表す my, your, our, his, her, its, their, -'s

次の指示に従い、動作をしてみてください。

Could you please touch Teria's apple in picture 191?

読者の皆さんはテリアが持っているりんごを触っただろうと思います。

Teria の後に -'s をつけると Teria が所有している「もの」になります。誰が所有している「もの」なのかは、Tim's apples のように、名前に -'s をつけて表します。

話し手自身が所有している「もの」を言う場合は、名詞の前に my を使います。

話し手の仲間 2 人以上か、話し手と聞き手双方が所有しているものの場合は、our です。

話し手の相手、つまり聞き手が所有しているものの場合は、話し手が your と言います。聞き手が一人でも多数でも your を使います。

場合によっては目上の人に your を使いにくいことがありますが、聞き手が所有しているものなら your を使います。

例えば、

Mr. Goldman, could you please put your apple on the table?

と、言う場合でも、遠慮して名前に 's をつけて、

Mr. Goldman, please put Mr.Goldman's apple on the table. のように言うと頼んでいる Goldman さんのりんごでなく、ほかの Goldman さんのりんごのことになってしまいます。

話し手や聞き手でない第 3 者が所有している場合は、女性なら her、男性なら his、中性のものなら its、2 人以上、2 つ以上が所有なら their を使います。her, his, its, their は、日本語の「彼の」「彼女の」「それの」「彼らの」のように、独立して使うことができません。まずは「誰か」をはっきり言及してから、次に繰り返すときに使えることに注意しましょう。

p.118 ページの物語の例を見てみましょう。

There was a young girl whose whole family had died. She was just a child. Her mother, father, sisters and brothers were all gone.

この本では所有格 my, your, our, his, her, its, their, -'s を使う場合に、すべてを書くのは煩雑なので、代表として my と表記します。

ただし、ネイティブからの注意ですが、日本人は話している人が自分の「もの」について言う場合ではないときにも my を使ってしまうことが多いということです。例えば 日本語のマイウェイ、マイブームなどを英語として、自分以外の人の場合にもそのまま使ってしまうことがあるそうです。注意しましょう。

ここで取り上げる、所有を表す所有格、my, your, our, his, her, its, their, -'s は、英語の中で名詞の前によく使われています。日本語では誰の所有物かはいちいち言わないのに、英語ではなぜ頻繁に言及するのでしょうか。

その理由のひとつとして、英語の世界において、具体的で actual なものは、数量 two, some など、冠詞 a, the など、所有格 my, your などの限定詞 determiners のいずれかひとつを名詞の前に必ず使わなければならないからです。これは英語の世界でのルールのひとつになっています。限定詞 determiners がない ∅(ゼロ)の名詞句は抽象化した virtual なイメージになってしまいます。

例えば教室で先生が生徒に、

Go to your chair, please. と言うことがあります。

日本語では、教室で一時的に座っている椅子を自分が所有している「もの」とは考えないので、普通は「私の椅子」とは言わず、「私の席」my seat と言います。

ここでの your chair は所有を強調しているのではなく、your を仕方なく選ぶ場合の所有格です。教室で自分が座る椅子は具体的で actual な椅子であり、椅子はひとつだけなので、使えるのは a か the か your です。

Go to a chair, please. のように a を使うと、a chair はどれでもよいので、数ある中のどれかひとつの椅子になります。

Go to the chair, please. のように the を使うと、the chair は先生が心の中で指さしている特定の椅子になります。どの椅子を指しているか説明が必要です。お互いに了解している、と思えば the は使えますが、この場合はどの椅子かは明瞭ではありません。

そこで残った your が所有を強調するわけではなく、わかりやすさで選ばれてしまうというわけです。

コラム 「親友」「友人」「友達」のイメージ

my friend, a friend, one of my friends, a friend of mine

192　her friend

193　one of her friends

194　a friend of hers

今度は日本語でいう「友達」を検討してみましょう。

英語では my friend, one of my friends, a friend of mine, a friend のようにいろいろな言い方ができます。

日本人が「友達」と言う場合は、英語のように、誰が所有しているのかという感覚がなく、日本語では友達、友人とだけ言うので、friend に限定詞を使わないか、あるいは my friend を使い過ぎてしまう傾向があります。 それぞれの違いを比べてみましょう。

左ページの絵 192 では、Olivia が "Lucy is my friend." と言えます。

- **my friend**: いつも一緒にいる友、親友のことです。my friend のように -s がつかないと、ただ一人の親友という意味合いが強くなります。特に親しいわけではない何人かの友人の中の一人の場合には a friend と言います。
- **a friend**: 友人が何人もいて、そのうちの一人という意味になります。

絵 193 では、Olivia が "Lucy is one of my friends." と言えます。

- **one of my friends**: いつも一緒にいる友達の一人のことです。親しい友人は何人かいて、そのうちの一人を言う場合に使います。

絵 194 では、Olivia が "Lucy is a friend of mine." と、Tim の友達ではなく、自分の友達だ、と言えます。

- **a friend of mine**: a friend of mine, a friend of yours は、誰の友人かを比較して、「誰の」を強調しています。話し手の友人は何人かいて、そのうちの一人を言う場合に使います。

以上、「友達」という表現の仕方でも、いろいろあります。friend, friends の前に限定詞 determiners を何も使わないと、典型的で抽象的な virtual な「友人というもの」になってしまうので注意しましょう。自分がどのようなニュアンスで表現したいのか、英語の表現方法を知り、使い慣れていきましょう。

名詞句＋ of ＋名詞句の使い方は前著「ネイティブの感覚で前置詞が使える」を参考にしてください。

お名前		年齢
ご住所　〒		
電話番号	性別	ご職業
メールアドレス		

個人情報は小社の読者サービス向上のために活用させていただきます。

ご購読ありがとうございました。ご意見、ご感想をお聞かせください。

● **ご購入された書籍**

● **ご意見、ご感想**

● 図書目録の送付を　　　　　　　希望する　　　　希望しない

ご協力ありがとうございました。
小社の新刊などの情報が届くメールマガジンをご希望される方は、
小社ホームページ（https://www.beret.co.jp/）からご登録くださいませ。

第 IV 章

....

限定詞
some / a / the / my
が与えるイメージ

1個のりんごの an, the, my のイメージ

| Step 22 | an apple, the apple, my apple

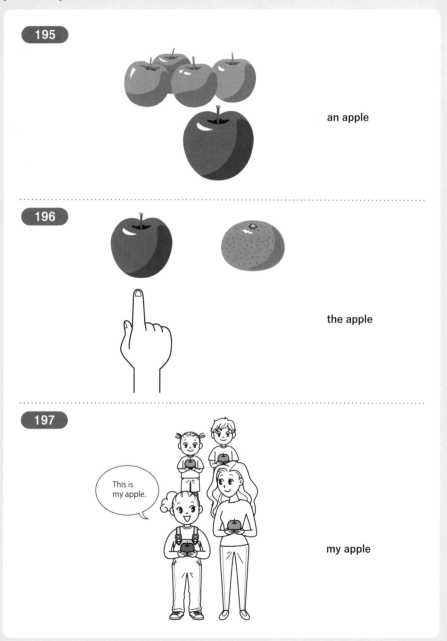

▶ りんご1個

　具体的で actual なものには 限定詞 determiners を使わなければならないことや、some, a, the, my などの違いをわかっていただけたでしょうか。自分で英文を話したり書いたりするときに、どの限定詞を使うか、自分で選べるでしょうか。

　さらに理解を深めるために、次は自分が英文の中で a/an, the, my を 使った場合、そのことばを見たり聞いたりした人がどのようなイメージを思い浮かべるか、比較しながら考察してみましょう。

　日本語で「りんご」と言いたい場合、「りんごを食べた」「りんごをください」「りんごが好き」などと言えますが、今まで説明してきたように、英語では語尾に -s をつけるかどうか、限定詞 determiners を使うかどうか、どの限定詞を使うかを決めて、表記しなければなりません。煩雑ですがこれが英語の世界なのです。

　ここで繰り返しになりますが、ネイティブが名詞句を発するとき、ことばを選ぶためのクライテリア(選択基準)となるイメージは以下の4つあります。再確認しましょう。その「もの」や「こと」は、

- **分離している discrete(ディスクリート)なイメージなのか**
- **連続している continuous(コンティニュアス)なイメージなのか**
- **具体的で actual(アクチャル)なイメージなのか**
- **抽象化した virtual(バーチャル)なイメージなのか**

です。

　英語の世界で「もの」「ものごと」を見たときに、上記4つの状態のどの状態なのかを一瞬にしてイメージできるよう、本書では繰り返し提示していきます。どうか忍耐強く引き続き読み進めてください。

　さて語尾に -s をつけ、「もの」が分離している discrete と言うためには、個々の境界線で分離された2つ以上のものがあって初めて判断できる、ということを述べてきました。つまり、「もの」が分離しているかどうかをイメージするためには、「もの」が2つ以上ある、という場合を検討してきました。

　では、「もの」がひとつ、という場合を検討してみましょう。

　actual な丸ごとのりんご1個と言いたい場合に、英語では an apple, the apple, my apple のうちのひとつを選ぶことができます。

　読み手や聞き手は、それぞれをどのようにイメージするでしょうか。

153

▶ an apple

I took an apple off the table.
（テーブルからりんご1個を取った）

I picked an apple from the tree.
（木からりんご1個を摘んだ）

Tim ate an apple for breakfast.
（Tim は朝食でりんご1個を食べた）

　上の例文のように、an apple を使うと、多くの場合は p.152 絵 195 のように、具体的で actual な、分離している discrete な「丸ごとのりんごが何個かあるうちのどれか１個のりんご」をイメージします。

　a/an は同じ「もの」がいくつかほかに存在しているとか、いくつかの中の「ひとつ」であることを強調します。

▶ the apple

The apple was on the plate.
（りんごは皿の上にあった）

I ate the apple yesterday.
（昨日りんごを食べた）

　上の例文のように the apple を使うと、多くの場合は、p.152 絵 196 のように、具体的で actual な、分離している discrete な「丸ごとのりんご１個を、心の中で指さしている」ことをイメージします。

　読み手や聞き手は「書き手や話し手が、丸ごとのりんご１個をじっと見て、その１個だけに焦点を絞って、そのりんごだけに意識を向け、心の中でスポットライトを当てている」とイメージし、そのりんごはどれ？ Which one? と心の中で尋ねます。

　そのため the apple を使う場合には、どれに焦点を当てているのか共通の理解がないときは、聞き手と読み手がわかるように、明確に説明しなければなりません。

The apple which I washed this morning was on the plate.
（今朝私が洗ったりんごは皿の上にあった）

I put an apple and an orange in the fridge. I ate the apple yesterday.
（私はりんご1個とみかん1個を冷蔵庫に入れた。昨日そのりんごを食べた）

　「丸ごとのりんご 1 個」を英語で言う場合には、an apple か the apple かを選べます。an apple はいくつかあるりんごの中の、どれでもよいのでどれか 1 個、という場合に使います。the apple は話し手と書き手が「唯一のりんご」に焦点を絞っています。どのりんごのことなのかが決まっている場合に使います。具体的な丸ごとのりんご 1 個を英語で言う場合には、my apple も選べます。

▶ my apple

This is my apple.
That is your apple.
That is Tim's apple.
That is his apple.

　p.152 絵 197 では Teria が Sylvia に話しかけています。 Teria は手に丸ごとのりんごを 1 個持っています。Teria が「手に持っている丸ごとのりんご 1 個は自分のものだ」と言う場合は、
　"This is **my** apple." と言い、Sylvia が手に持っているりんごに対して Teria が Sylvia に "That is **your** apple." と言えます。

　my apple は p.152 絵 197 のように、具体的にある actual で discrete な「丸ごとのりんご 1 個を自分が所有している」場合に使えます。話し相手が持っている丸ごとのりんご 1 個は、your apple と言います。

　Olivia と Tim も丸ごとのりんご 1 個を持っています。Teria が Sylvia に話しかけるときには、Olivia と Tim は話し手でも聞き手でもない第 3 者になります。 Olivia と Tim の持っている丸ごとのりんご 1 個は、Olivia's apple と Tim's apple と言えます。次に繰り返すときには her apple, his apple となります。

　自分以外の人が丸ごとのりんご 1 個を所有している場合には、話している相手なら your apple、それ以外の第 3 者なら Olivia's apple と Tim's apple のように名前を言い、繰り返す場合にだけ、her apple, his apple と言うことに注意しましょう。
　以上のように、語尾に -s がない the apple も my apple も、多くの場合には an apple と同様に、丸ごとの discrete なりんご 1 個のイメージになることに注目しましょう。逆に言うと、discrete な「もの」がひとつの場合には、語尾の -s を取る、とも言えるでしょう。

virtualなイメージのa/an

| Step 23 |　an apple, the apple, apples

▶ virtual なイメージにもなる an apple

An apple is nutritious. （栄養がある）

an apple は多くの場合は p.152 絵 195 のように、目の前にある actual で discrete な丸ごとのりんご何個かの中のどれか 1 個をイメージします。ところが左ページの絵 198 のように、頭の中で典型的なりんご 1 個を想像している、抽象的で virtual なイメージもできます。一般的な話で「りんごというものを代表する 1 個」の virtual なイメージも an apple と言います。そのりんごは丸ごとの discrete なりんごです。

私たち日本人にとって、りんごが具体的で actual なものなのか、頭の中で抽象化している virtual なものなのかを使い分けることは非常に難しいことです。抽象化した virtual なものの場合には、どのりんごにも当てはまる一般的なことを話しています。文によって、意識して使い分ける努力をしてみてください。

次の文のような場合は、具体的で actual な丸ごとのりんご 1 個のイメージです。

I am holding an apple in my hand.

（りんご1個を手に持っている）

I took an apple off the table.

（りんご1個をテーブルから取った）

次のように、抽象的で virtual な丸ごとのりんごの一般的なイメージとして使うこともできます。

An apple is a red fruit.

（りんごは赤い果物だ）

An apple is often used as a logo.

（りんごはよくロゴに使われている）

具体的で actual なイメージにも、抽象化した virtual なイメージにも使える a は多彩な世界を作っています。

157

what?のan apple

Step 24 | 総称、what(何)? を表す an apple

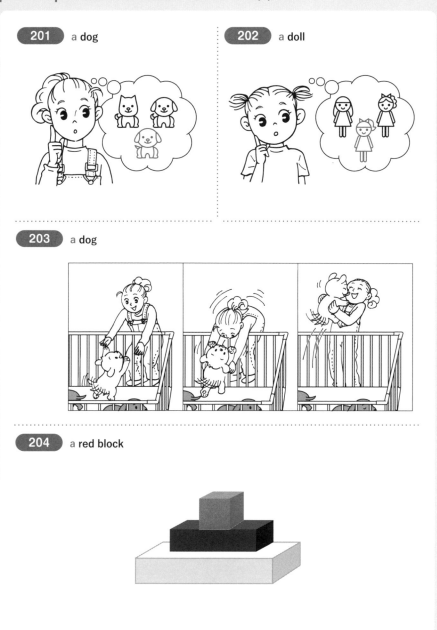

201　a dog

202　a doll

203　a dog

204　a red block

▶ 総称の an apple, apples

This is an apple.

These are apples.

上の例の an apple, apples は p.156 絵 198 と 200 のように、頭の中で抽象化した virtual で典型的なりんごのイメージです。これは「なに？ What?」かを一般的に説明しています。

学生から次のような質問がありました。

a/an を使うといつも必ず、いくつかの「もの」を背後にイメージしているのでしょうか。実際に一人だけいる、ひとつだけある、という次のような場合はどのようなイメージなのでしょうか。

I have a sister, but I don't have any brothers.

I have a cat, not a tiger.

There is a doll on my bed, not a teddy bear!

This is a pen, not a pencil!

上の例文の a sister, a cat, a doll, a pen は、いくつかある中のどれでもよいひとつを選んではいません。「なに？ What?」に対する説明です。「姉(妹)というもの」「猫というもの」がいます。「人形というもの」があります。「ペンというもの」です、というように、一般的に紹介しています。 一般的なものの中のひとつ、一人を総称的に言う場合の a/an です。

左ページの絵 201 や 202 のように頭の中でいくつかのものを思い浮かべているのでしょう。そのうちの代表ひとつを総称として a dog, a doll と言います。

I have a dog.

I have a doll.

この場合の a dog, a doll は virtual なイメージのものです。

p.118 ページの物語も同じイメージで、a が使われています。

There was a young girl whose whole family had died. She was just a child.

The only thing she had from the old days with her family was a small doll, a warrior doll that she carried with her everywhere.

　　p.158 絵 203 は目の前に存在する actual なもの、いくつかの中からどれかひとつを選択するイメージです。

　　actual なものの例文を見てみましょう。

　　Teria took a dog out of the pen.

　　I put a doll down on the bed.

　　I took a pen off the desk.

　　a/an は抽象化した virtual な「もの」にも、具体的で actual な「もの」にも使うことができます。どちらのイメージなのかを決めるのは文脈です。どちらの「もの」かを判断するのに、明確に分かれている場合もあり、あいまいなグレーゾーンもあるそうで、ネイティブにとっても難しいようです。

　　virtual の場合にも actual の場合にも、a/an を使うと「もの」は discrete なイメージになります。discrete かどうかは、境界線で分けられた「もの」が2つ以上あって初めて分かることです。

　　virtual の場合でも、ネイティブは a/an と言うと同時に、個々に独立しているものがいくつか目に浮かぶのでしょう。分離している discrete なものをイメージするときは、2つ以上のものがあるというイメージをすでに身につけてしまっているのでしょう。

　　かつて私がワークショップをしていたときに p.158 絵 204 のようにテーブルに積み木を置きました。この場面では赤い積み木、黒い積み木、白い積み木はひとつずつしかないので、話し手だけでなく聞き手にもどれを指しているのか（which one?）が明らかなので the が使えます。話し手と聞き手が「どのもの」（which one?）なのかを共通理解している場合には、基本的に the が使えます。

　　ところが面白いことがありました。

　　The red block is on the black one, which is on the white one.

と、練習していたところ、ネイティブの一人から、この場面では

　　There is a red block on a black one that is on a white one.

とも言えると、言われました。前から私は a の使い方がよく理解できずにいました。そしてこの状況で、くせ者の a の手がかりがつかめたようで、非常に興味を持ちました。

　目の前にひとつだけあり、共通理解があるので the を使える状況で、いくつかある中のどれでもよいひとつを選ぶ a/an ではない場面でも、

There is a red block on a black one that is on a white one.

と言うのです。

　この文は What?「何 ?」「block というもの」を説明しているだけなのです。

　そしてわかったことは、何(what)を描写する場合には、a/an も使うということです。

　「積み木というもの」がある、と紹介する場合には次のようにも言えます。

There are blocks on my desk.

　何(what)があるかを描写する文の場合には上の例のように「限定詞を使わない ∅(ゼロ)の名詞句」を使います。

　「∅ の名詞句」は頭の中で抽象化している virtual で、典型的な「もの」をイメージします。テーブルの上に一般的な「積み木というもの」がある、これらは「積み木というもの」ですという意味です。

　次のように「何 what?」を説明する文では、∅ の名詞句や a/an を使います。

I had ham, eggs, an apple, bread and coffee for breakfast.

上の文では抽象化した virtual で典型的なイメージのものを一般的に言っています。

　具体的で actual に言うと次のような文になります。

I had three slices of ham, two eggs, an apple, a piece of bread and a cup of coffee for breakfast.

　もう少し "what" を説明する例を見てみましょう。

What's in your bag?

Well, let's see. I have a book, two pencils and an eraser.

What's that?

A cockroach.

What do you want?

A car.

What did you buy?
A cell phone.

What are you going to draw?
A flower.

A: Last night in Hachioji, I saw a girl with pink hair.
B: I can't believe it.

A: Yesterday I was invited to a party by my cousin.
B: Really?

Teria: I understand you've just recorded a new song. What's it called?
Rock star: "Blue Thunder and White Love"

What did you do last night?
I took a walk.
I took a bath.
I took a shower.
I watched a movie.

　上の例文は「お風呂というもの」「シャワーというもの」と、何か（what?）を一般的に説明しているだけですが、下の文は具体的な数を言っているので、actual な状況が目に浮かびます。

Tim took three baths, and Butch took two showers because they were so dirty.

Albert: I'm cold.
Sylvia: There is a *kotatsu* in the closet. Let's get it out.

　上の文は押し入れに「こたつというものがある」と説明しているだけですが、下の文はパパも知っている「こたつ」は押し入れにある、と言っています。

Papa: I'm cold.
Mama: The *kotatsu* is in the closet.

　上の例文でもわかるように、総称の a はよく使われています。この総称の a が virtual であることを Peter Ross ははっきり意識していませんでした。

　むしろこの総称の a の方が a の中心的な使い方だと言っています。
　a の世界が複雑で不思議なのは、私たち日本人は、その「もの」や「こと」は頭の中で抽象化している virtual なイメージなのか、具体的にある actual なイメージなのかを、区別してイメージしていないからです。ネイティブでさえもはっきりしないあいまいなグレーゾーンもあるそうです。特に、総称（What?）の a は、ネイティブも意識していないグレーゾーンです。頭の中で想像している virtual か、実際にある actual かは文脈、文の状況で決まります。

　ところが a/an を使うと「もの」は分離している discrete なイメージになることは決定的です。

virtual なイメージの the

| Step 25 | virtual なイメージにもなる the apple

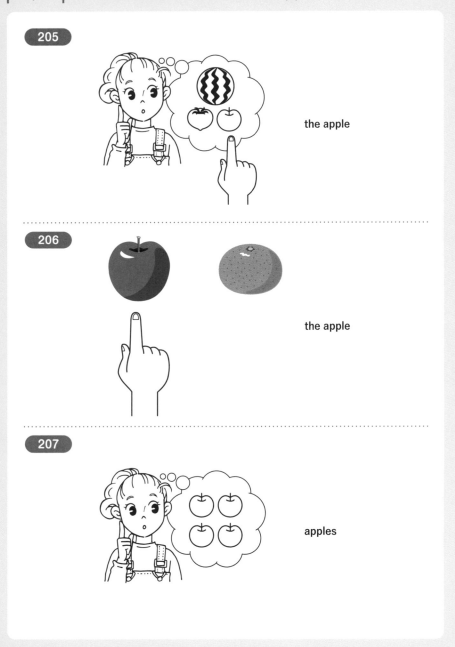

205

the apple

206

the apple

207

apples

▶ 抽象的な the apple

　左ページの絵 205 のりんごやトマト、スイカは 頭の中で抽象化している典型的で virtual なイメージです。それらのりんご、トマト、スイカは分離している discrete なものです。

　頭の中で抽象化している典型的で virtual な丸ごとのりんご、丸ごとのトマト、丸ごとのスイカの中の、りんごを指さして、丸ごとの 1 個のりんごに焦点を絞り、意識を向けています。

　絵 205 のように分離している discrete なものひとつを抽象化してイメージする場合に限り、the を使って意識を向けると、学術的なカテゴリーやクラスや種を表すことがあります。

　　The apple is a fruit.

　上の文の the apple のように the を使うと、「りんごというもの一般が属する種」などのような抽象的なイメージにもなります。りんごをカテゴリー、クラス、種類として考えることがあります。この場合、学術的な意味合いになります。

　　The apple is a fruit, but the tomato is a vegetable. How about the watermelon?

　　　（りんごは果物だが、トマトは野菜です。メロンはどちらでしょうか？）

　絵 205 や 206 のようなイメージの場合には the apple が使えます。

　心の中で指をさして、焦点を絞る the は 206 のように目の前にある、actual で具体的なものにも、そして 205 のように、頭の中で想像している virtual で抽象的なものにも使います。

　the も a と同じように、actual なイメージの場合にも virtual なイメージの場合にも使われます。聞き手や読み手は the apple が実際に存在する具体的で actual なりんごなのか、頭の中で抽象化している典型的で virtual なりんごなのか、どちらのイメージであるかは文脈で判断しています。

▶ apple**s**

Teria loves apples.

　頭の中で抽象化している典型的で virtual なイメージのものを表す場合には、多くの場合は名詞の前に限定詞を使わない Ø(ゼロ)の名詞句を使います。

　p.164 絵 207 のように、典型的で virtual なりんごをイメージして、一般的な話をする場合には I like apples. のように、Ø の名詞句で語尾に -s のつく apples を使います。

　次に 2 つ以上の「もの」を言うときの some, the, my のイメージを比較してみましょう。

りんご何個か some/the/my のイメージ

| Step 26 | some apples, the apples, my apples

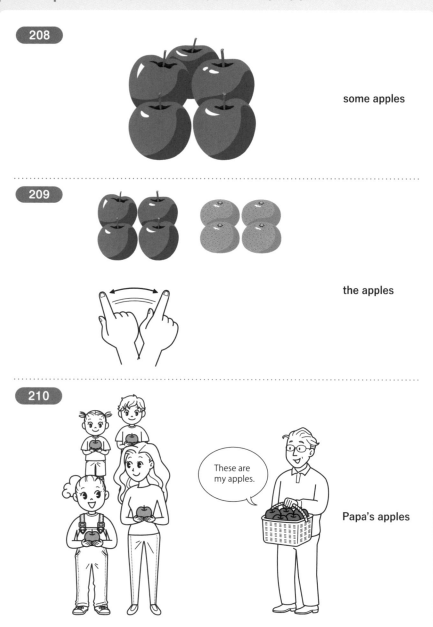

208 some apples

209 the apples

210 These are my apples.

Papa's apples

▶ some apples

Mari drew five apples.

Tim is going to eat some apples.

左ページの絵 208 のように、りんごが 5 個ある場合には five apples と言います。five apples のように具体的な数でなく、大体の数を言う場合に some を使います。

some apples を使うと、読み手や聞き手はいくつかある、分離している discrete な丸ごとのりんごをイメージします。境界線で区切られていて、個々に独立している、1 個 2 個と数えられる countable なものをイメージします。

some にはほかにも重要な役割があります。読み手や聞き手が some apples と聞いた場合、数量ではなく絵 208 のような具体的で actual な丸ごとのりんごをイメージします。

2 個以上のりんごが actual にあるときにも限定詞を使います。some, the, my のグループのうちのひとつを選ばなければならないので、the のグループも my のグループも適切でないときに actual であることを表現するために some が使えます。それで some apples のように some を使うと、目の前にある丸ごとのりんごを思い浮かべることができます。

five のような具体的な数や、some のほかにも数によって a few, several, many, a lot of が使えます。

---

a few と few

ちなみに a few は「少し」「2、3 の」という意味ですが、a を使い忘れると、「ほとんど〜ない」という意味になってしまいます。

There are a few apples on the table.

There are few yellow apples on the table.

（テーブルに黄色のりんごはほとんどありません）

そして上の文は堅い感じがするので、多くの場合は次のように否定の文にします。

There are not many yellow apples on the table.

（テーブルに黄色のりんごはほとんどありません）

全否定の文では any を使います。

There are not any yellow apples on the table.

（テーブルに黄色のりんごはありません）

▶ the apple<u>s</u>

The apples in Aomori taste good.
The apples in this store are fantastic.
We picked five of the apples on the tree.
They picked up the apples under the tree.

上の例文の the apples のように the を使い、語尾に -s をつけると、読み手や聞き手は discrete な、丸ごとのりんご2個以上をイメージします。p.168 絵 209 のような具体的で actual な丸ごとのりんごです。

書き手や話し手が丸ごとのりんご全部を心の中で指さしていて、りんご全部に意識を集中して、まるでりんご全部にスポットライトを当てているようなイメージの場合に the apples を使います。
数を明確にして、それだけに焦点を絞りたい場合には、the と数を使って the four apples のように言えます。ちなみにこれは限定詞 determiners を重ねて使える唯一の例外です。

the apples のように the を使って語尾に -s をつけると、聞き手はその場にあるりんご全部をイメージします。話題によっては世界中のりんご全部を言うこともできます。
the apples のように the -s では、1個1個のりんごの個の特性は無視されて、全部のりんごをひとまとめにしてしまいます。全てをひとまとめにして指し示すので、個々のものの特徴を失います。
逆に the apple のように the を使い、-s をつけないと、世の中で唯一のりんご、明瞭な特徴を持つ唯一無二の丸ごとのりんごを指します。

the apples のように –s がつくだけで、すべてのものがひとまとめになり、個々の特徴が無くなってしまいます。the Americans というと、個々の人の違いを無視して、「アメリカ人全員」となってしまいます。語尾につく -s の力をあなどらないでください。

ちなみに日本語の「アメリカ人全員」は the Americans とも Americans とも言えます。具体的で actual な the Americans と、抽象化した virtual な Americans の違いは p.168 絵 209 と p.164 絵 207 を参考にイメージしてみてください。

たかが -s、されど -s

かつて -s の使い方で、驚いた経験があります。私がアメリカ人の友人に I broke my legs last winter. と言ったところ、即座に、Both of them !? と驚かれました。片方の足の骨を折っただけなのに、私は無意識に legs と、-s をつけて言ってしまったのです。聞こえるかどうかもわからないくらいの語尾の -s に、そんなにも大きな力があることに非常に驚きました。-s のつく the と -s のつかない the もイメージがかなり違うので、注意しましょう。

▶ Papa's apples

Papa: These are my apples.

p.168 絵 210 の よ う に、Teria が Sylvia に 話 し か け て い る と き、actual で discrete な「丸ごとのりんご何個かは Papa のものです」と言う場合、"Those are Papa's apples. " と 言 い、そ し て 繰 り 返 し て 言 う と き に は "His apples look delicious." のように言います。

apple の語尾に -s をつけ、Papa's apples と言うと、読み手や聞き手は discrete な「丸ごとのりんご 2 個以上はパパのりんごだ」とイメージします。

上の例文の "These are my apples." のように my を使えるのは、話し手が自分のりんごについて言う場合だけです。

さて、分離している discrete なものが 2 つ以上ある場合には語尾に -s をつける、ということでした。

実際にある actual なものを所有していることを表現する場合に、誰が所有しているかによって、my, your, our, her, his, its, their、名前 's を使います。誰が所有者か、ものがひとつか 2 つ以上あるかによって表現を変えます。

Papa's apples, Papa's apple, my apples, my apple, your apples, your apple のように組み合わせます。

数を明確にする場合は、two of my apples, five of Papa's apples と言います。

my two apples は 2 個のりんごがまとまって対になっている特殊なイメージになります。

　the や my を使って、the apple や my apple と言うと discrete なイメージの丸ごとのりんごになると説明してきました。

　my apple も、具体的にある actual な、丸ごとの discrete なりんご 1 個をイメージします。

　the apple は多くの場合は、具体的にある actual で discrete な丸ごとのりんご 1 個をイメージします。

　my apples や the apples は、具体的にある actual な、discrete な丸ごとのりんご 2 個以上のイメージです。

　my apples や the apples のように、語尾に -s がついていれば、分離している discrete なものが 2 個以上あることは明確です。

　ところが語尾に -s もなく、前に a も使わない the apple や my apple は、分離している discrete なイメージも、連続している continuous なイメージも、理論的には可能です。しかし continuous なイメージは、the apple や my apple とは言いません。

　continuous なりんご、切ったりんごを、指したり、所有したりする場合には、どのように言うのでしょうか？

ひと切れのりんご、2切れ以上のりんご

Step 27 切れたりんご のイメージ

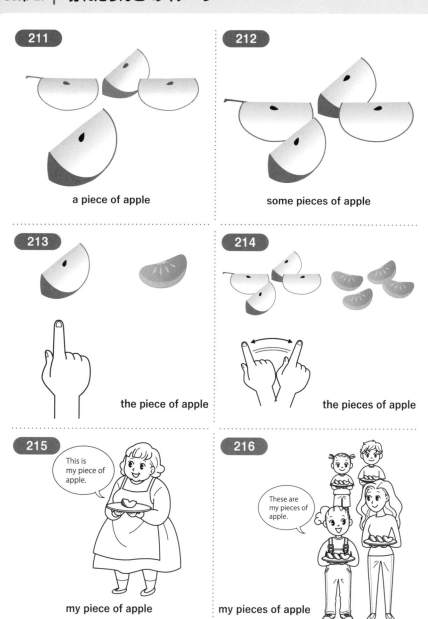

211 a piece of apple

212 some pieces of apple

213 the piece of apple

214 the pieces of apple

215 my piece of apple

This is my piece of apple.

216 my pieces of apple

These are my pieces of apple.

　ここまでは、使うことばから読み手や聞き手はどのように「もの」をイメージするのかを見てきました。ここでは、絵のイメージから具体的で actual な、連続している continuous なりんごの果肉の場合に、a, the, my をどのように使うのかを検討してみましょう。

▶ a piece of apple, some pieces of apple

　左ページの絵 211 のように 4 つに切った continuous なりんごの中のどれでもよいひと切れを表す場合には、どのように言えば良いのでしょうか？
a piece of apple と言います。

　絵 212 のように 2 切れ以上ある場合には、
four pieces of apple, some pieces of apple と言います。
apple に –s がつかないことに注意してください。

　actual で continuous なりんごの果肉ひと切れは a piece of apple あるいは a slice of apple と言います。
　明確な境界線がない continuous なりんごの果肉でも、形を表すことばを使うことで数えることができます。絵 212 のように 2 切れ以上であれば形を表すことばの語尾に -s をつけ、four pieces of apple となります。
　continuous な apple には -s がつきません。a や -s を使うことができる a piece（ひと切れ）、two pieces（2 切れ）は境界線が明確な discrete なものです。

　以下の例文を見ながらイメージしてみましょう。
　　I gave two pieces of apple to Tim.
　　Could you give me a piece of apple?
　　I ate five slices of apple last night.
　　I ate five apple slices last night.

chopped apples

ボール一杯であれば a bowl of chopped apple となります。

切ったりんご chopped apple は連続している continuous なイメージである、と前に説明しました。ところが監修の Peter Ross がここで a bowl of chopped apples とも言える、と言い出しました。

例えば There is a a bowl of chopped apples on the table.

上の例のように、-s がつくと、分離している discrete なイメージになります。りんごを切って境界線が明確でなくなっているのに、あえて境界線のある切ったりんご chopped apples をイメージしてみてください。

切ったりんごの果肉は continuous だと思い込んでいた私にとってはとんでもない事実でびっくりしましたが、これでわかったことは、単語が continuous か discrete かはルールがあって決定した既成事実ではなく、-s をつけると discrete なイメージにしてしまい、境界線を強調するのだということです。

例えば水 [water] にあえて -s をつけて、分離している discrete な waters にしてしまうような働きがあるのです。

冒頭でおせんべいには *osembeis* と -s がつくと説明しましたが、長い間日本にいて、大小いろいろなおせんべいを知った今では、夫は continuous なイメージの -s のつかない *osembei* も使うと言っています。

以上の経験から、第二言語の習得 acquisition は、始めと終わりがある discrete なイメージなのかどうかを、世界的な言語学会で長い間議論する必要があったということも理解できました。

クライテリアとなるイメージはガチガチのルールではなく、生きていて、自由に応用し連想ができることをあらためて確認しました。

▶ the piece of apple, the pieces of apple

p.174 絵 213 のように continuous なりんごひと切れを心の中で指さして焦点を当てている場合には **the piece of apple** と言います。

絵 214 のように 2 切れ以上あって、心の中で指さして焦点を当てている場合には、**the pieces of apple, the four pieces of apple** と言います。apple に –s がつかないことに注意してください。

the apple は apple に –s がつかなくても、discrete な丸ごとのりんごをイメージします。

連続している continuous なりんごの果肉には、異なるイメージがあるので、話し手や書き手はどんなイメージなのか、聞き手、読み手に対して、明確に説明しなければなりません。

I ate the piece of apple on the plate.

The pieces of apple which I cut this morning are on the plate.

I am going to eat the grated apple in the cup.

I sliced an apple into quarters. I ate two pieces (of it) for breakfast.

I sliced an apple into four pieces. I ate two of them for breakfast.

▶ my piece of apple, my pieces of apple

　　p.174 絵 215 のように、continuous なりんごひと切れを話し手が所有してる場合には、**my piece of apple** と言います。

　　絵 216 のように 2 切れ以上あって、話し手が所有してる場合には、

my pieces of apple, three pieces of my apple と言います。apple に –s がつかないことに注意してください。

　　my apple は apple に –s がつかなくても、discrete な丸ごとのりんごをイメージします。

　　さらに、りんご以外の「もの」で、a, the, my のイメージを比べてみましょう。

1台の車のイメージ

Step 28 | a car, the car, my car

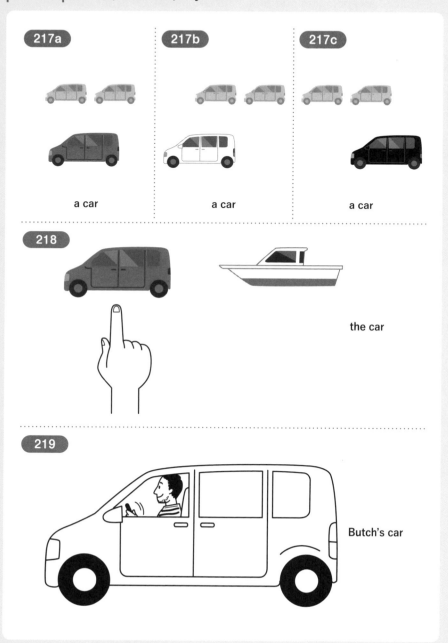

217a

a car

217b

a car

217c

a car

218

the car

219

Butch's car

▶ a car

Tim is washing a car.

a car は actual で discrete な車 1 台です。半分などにすると使えない、境界線が明確な分離している自動車、何台かの中の 1 台をイメージします。上の例文では具体的で actual な自動車 1 台です。

左ページの絵 217a, b, c は独立した discrete な車 1 台を強調しています。何台かある車のうちの、ある 1 台の車をイメージします。a を使った場合、cars の語尾 –s は取ります。

a を使うと discrete なものをイメージします。discrete なイメージであるかどうかは個々のものが 2 つ以上ないと判断できません。ネイティブは車 1 台をイメージするときでも、同時に何台かの「車」を思い描いているのです。a は「もの」がいくつもほかに存在していることを思い浮かべて、そのうちのどれかひとつのことを強調しています。

▶ the car

The car Butch bought last year is broken.

the car は actual で、discrete な自動車を心の中で指さしているイメージです。境界線が明確な分離している discrete な 1 台の自動車に、焦点が絞られ、意識を集中し、スポットライトを当てているようだとイメージします。上の例文の場合は絵 218 のように、具体的で actual な 1 台の自動車をイメージします。心の中で指さす the を使い、the car と言うと、聞き手は唯一の自動車をイメージします。

自動車 1 台は the car とも a car とも言えますが、それぞれはまるで異なるイメージとなります。a car は、何台かある自動車の中でどれでもよいので 1 台を選びます。話し手にとっても、聞き手にとっても、どの自動車でもよいのです。ところが話し手がどれかを特定した唯一の自動車を指し示すときは、the car となります。

the と聞くと、聞き手は「どれ？」which one? と心の中で尋ねています。話し手にとっても聞き手にとっても、どれを指すのか、共通理解ができない場合は、話し手はどれを指しているのか、説明が必要です。

▶ Butch's car

Butch loves to drive his **car.**
Butch is washing his **car.**

p.178 絵 219 では Butch が自分の車を運転しています。「これは僕の車だ」と Butch が話す場合には "This is my car." と言います。

my car と言うと、読み手や聞き手は、具体的にある actual で、分離している discrete な車 1 台を話し手自身が所有していると、イメージします。

車で行ったという場合に
Butch went to Hakone in his car.
Butch went to Hakone by car.　と言えます。

in his car は、具体的で actual にある自動車で、Butch が所有している車に乗って行った、というイメージになります。
by car は、頭の中で想像した一般的な「電車というもの」や「バスというもの」ではなく「自動車というもの」が供給する内容を使った、という抽象化している virtual なイメージになります。

virtual バーチャルなイメージにもなる

| Step 29 | a car, the car, cars

220　a car

221　the car

222　cars

▶ virtual なイメージの a car

A car is useful.

a car は多くの場合は p.178 絵 217 のように、目の前にある actual で、discrete な車何台かの中のどれか 1 台をイメージします。ところが上記の例文のように、頭の中で抽象的な車 1 台を想像している一般的で virtual なイメージもあります。virtual な「車というものを代表する 1 台」のイメージも a car と言います。その車は左ページの絵 220 のように discrete なイメージです。

私たち日本人にとって、車が具体的で actual なものなのか、頭の中で抽象化している virtual なものなのかをイメージするのは非常に難しいことです。virtual なイメージのものの場合には、どの車にも当てはまる一般的なことを話しています。意識して区別する努力をしてみてください。

次の例文を読み、抽象化した virtual な「もの」をイメージしてみましょう。

A car is convenient.

A typical high school student in Japan wears a uniform.

A tiger is a wild animal.

Is the tomato a fruit or a vegetable?

A computer is a necessity these days.

A Tokyo subway station is extremely crowded at rush hour.

A good teacher must be patient.

When you play tennis, you need a tennis racquet.

What's a good remedy for a cold?

A car is a vehicle with four wheels.（自動車は四つの車輪のある乗り物です）

次に virtual なイメージの the を見てみましょう。具体的で actual なイメージにも、抽象化している典型的で virtual なイメージにも使える a や the は多彩な世界を作っています。

▶ virtual なイメージにもなる the car

American society is based on the car.

The car is the source of most of the air pollution in big cities.

　上の例文 the car は、頭の中で抽象化している典型的で virtual なイメージの車です。分離している discrete な車を 1 台イメージし、学術的なカテゴリーやクラスや種を表わしています。

　p.182 絵 221 の車、飛行機、船は分離している discrete なイメージのもので、頭の中でイメージしている抽象的で典型的な virtual なものです。さらに車を指さして、1 台の車に焦点を絞り意識を向けています。

　絵 221 のように頭の中で抽象化しているイメージの場合にも the car が使えます。

　the car のように the を使う場合に、「車というもの一般が属するクラス」などのような抽象的なものをイメージすることもあります。この場合、学術的な意味合いになります。その上、分離している discrete なイメージのものひとつを指す場合に限り、どの学術的なカテゴリーやクラスや種類（Which class?）であるかを言うことができます。

　このように心の中で指をさして、焦点を絞る the は、実際にある actual で具体的なものにも、そして頭の中で想像している virtual で抽象的なものにも使います。

　the も a と同じように、virtual なイメージの場合に使われます。

　聞き手や読み手は the car が実際に存在する具体的で actual な車なのか、頭の中で想像している抽象的で典型的で virtual な車なのか、どちらのイメージであるかは文脈で判断します。

　次の例文を見て、頭の中で抽象化している virtual で、一般的なものをイメージしてみましょう。

The car is a type of vehicle. How about the airplane or the ship?

The tiger is a wild animal.

The elephant is a very large animal.

The rose is a red flower.

頭の中で抽象化している典型的なイメージのものを表す場合には、多くの場合は名詞の前に限定詞を使わない Ø(ゼロ)の名詞句を使います。

▶ virtual なイメージの cars

Butch loves cars.

p.182 絵 222 のように、頭の中で抽象化している典型的で virtual なイメージの車を一般的に言う場合には、I like cars. のように、多くの場合は Ø の名詞句で語尾に -s のつく cars を使います。

2台以上の車のイメージ

| Step 30 | some cars, the cars, my cars

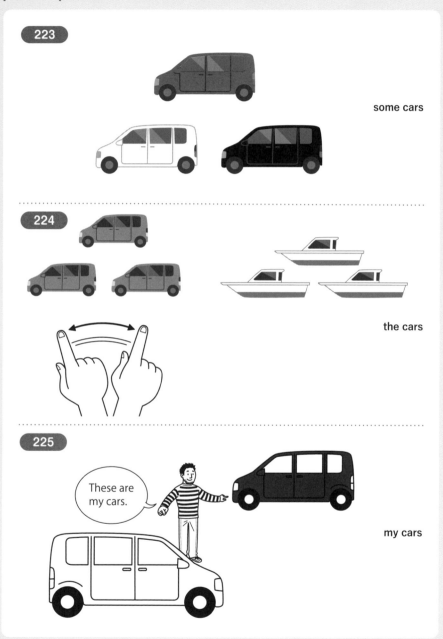

223 some cars

224 the cars

225 These are my cars. my cars

次に車が2台以上ある場合について検討してみましょう。

▶ some cars

I saw some cars in the parking lot.

some cars は具体的で actual な車です。読み手や聞き手は、いくつかある、分離している discrete な車をイメージします。左ページの絵 223 のように境界線で区切られていて、個々に独立していて、1台2台と数えられる countable なものです。

some cars は何台あるかの数よりも、actual な車であることを強調しています。自動車のほかにも車両、客車、貨車などもイメージします。

「車2台以上」を英語で言う場合には、具体的な数を使って two cars, five cars, あいまいに a few cars, some cars, several cars, many cars, a lot of cars などと言えます。

▶ the cars

The cars in the parking lot are used.

上の例文 the cars のように the を使い、語尾に -s をつけると、読み手や聞き手は、具体的で actual な分離している discrete な車2台以上をイメージします。

自動車全部に焦点を絞り、意識を向け、心の中で指さしています。話し手の意識が集中し、自動車全体にスポットライトを当てています。

the cars は話し手、書き手が「車全部」に焦点を絞っています。どの車のことなのかが決まっているのです。書き手や話し手は、どれを (which ones?) 指しているのか、読み手や聞き手にわかるようにする必要があります。

the cars は、話題によっては世界中の車全部をイメージすることもできます。

the cars は、自動車のほかにも車両、客車、貨車などもイメージします。

the car のように the を使い、-s をつけないと、世の中で唯一の車、明確な特色を持つ唯一無二の車を指しますが、the cars のように the を使って語尾に -s をつけると、聞き手はその場にある車全部をイメージします。ひとつひとつの車の個の特性は無視されて、全部の車をひとまとめにしてしまいます。全てをひとまとめにして指し示すので、個々のものの特徴を失います。

あるいは数を明確にして、それだけに焦点を絞りたい場合には、the と数を使って the two cars のように言えます。ちなみに特殊な例を除き、限定詞 determiners を重ねて使える唯一の例外です。

▶ my cars

Butch loves both of his cars.

p.186 絵 225 で Butch が「これらは僕の車だ」"These are my cars." と話しています。

my cars は具体的で actual な車です。語尾に -s をつけた my cars は、分離している discrete な車 2 台以上をイメージします。話している人が自分の所有している「もの」であると言っています。

私たちの「もの」の場合は our cars、聞き手の「もの」の場合は your cars、話し手と聞き手以外の人の場合は、Butch's cars, his cars, Sylvia's cars, her cars, their cars のように、所有している人によって言い方が変わります。

前にも説明したように、所有していることを強調しない場合にも actual ならば、限定詞 some のグループ、the のグループ、my のグループのいずれかを選ばなければならないので、無難な所有格を使うこともあります。

例えば、

My friends went to Nikko in their cars.

actual な「車 2 台以上」を英語で言う場合には、some cars, the cars, my cars などの限定詞のどれかを選びます。

my cars や the cars は、具体的にある actual な、discrete な車 2 台以上のイメージです。my cars や the cars のように、語尾に -s がついていれば、分離している discrete なものが 2 つ以上あることは明確です。

ところが語尾に -s もなく、前に a も使わない the car や my car は、分離している discrete なイメージも、連続している continuous なイメージも、理論的には両方可能です。

しかし前にも説明したように、車には by car のように、特殊な場合に virtual で連続している continuous なイメージがありますが、actual で連続している continuous なイメージは実際にはありません。従って、the car や my car は、常

に discrete な 1 台の車のイメージなのです。

　半分、4 分の 1 などにしても車として機能する、具体的で actual な連続している continuous なイメージの自動車をイメージしたかったのですが、今は想像すらできません。未来には半分にしても、4 分の 1 にしても壊れないで使える自動車ができるかもしれません。

　さて次に、virtual でも actual でも continuous なイメージもあるガラス glass 、そして discrete なイメージもあるグラス glasses を検討して、さらに限定詞 a/some, the, my を比べてみましょう。

ディスクリートなグラス、コンティニュアスなガラス

| Step 31 | a glass, some glasses: a sheet of glass, some sheets of glass

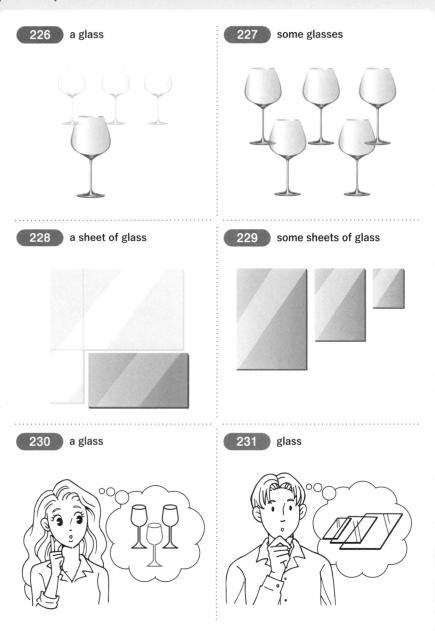

226 a glass

227 some glasses

228 a sheet of glass

229 some sheets of glass

230 a glass

231 glass

▶ discrete な a glass

I took a glass off the table.

　a glass と言うと、多くの場合、読み手や聞き手は、いくつかのグラス中のどれか 1 個のグラスをイメージします。具体的で actual なグラスです。

　a glass のように a を使うと分離している discrete なグラスをイメージします。

　個々の「もの」が 2 個以上あると discrete なイメージであるかどうかが判断できます。

　左ページの絵 226 のように、ネイティブはグラス 1 個をイメージするとき、まさに同時に何個かのグラスを思い描いています。

　a glass はワイングラスのほかにもガラスのコップやレンズ、望遠鏡などをイメージします。

▶ virtual な a glass

A glass is easy to break.

　a glass は多くの場合は左ページの絵 226 のように、具体的にある actual で discrete なグラス何個かのうちのどれか 1 個をイメージします。

　ところが絵 230 のように、頭の中で抽象的なグラス 1 個を想像している典型的で virtual なイメージもあります。 A glass is easy to break. のように、一般的な「グラスというものを代表する 1 個」のイメージも a glass と言います。そのグラスは discrete なイメージです。

▶ discrete な some glasses

I washed some glasses very carefully.

　some glasses は絵 227 のように、actual で discrete なグラス何個かをイメージします。some は具体的な数でなく、actual なグラスであることを強調しています。

　some glasses はワイングラスのほかにもガラスのコップやレンズなどをイメージします。ちなみにめがねひとつは a pair of glasses で、めがねの片方は a lens と言います。

　-s のつかない some glass は p.84 絵 132 のように、砕けたガラスをイメージします。

　ガラスも英語では [glass] という単語を使います。連続している continuous なガラスはどのように言うのか検討しましょう。

▶ continuous な
a sheet of glass/some sheets of glass

I cleaned a sheet of glass.
We need two panes of glass for those windows.（2枚のガラス）

　p.190 絵 228 のように、具体的で actual なガラス板 1 枚は、a sheet of glass あるいは窓ガラス 1 枚は a pane of glass と言います。

　actual なガラスの場合に、明確な境界線のない continuous なガラスでも、数を数えることがあります。

　ガラスの板なら a sheet of glass, three sheets of glass などで表現し、窓ガラスなら a pane of glass, two panes of glass、ガラスの破片なら a piece of glass, five pieces of glass のように、そのときの形を表すことばを使って数えます。

　絵 229 のように、2 枚以上になったら形を表すことばの語尾に -s をつけ、some sheets of glass となります。glass には -s がつきません。2 枚以上なのに -s のつかない glass は連続している continuous なガラスをイメージします。

▶ virtual な glass

Glass is easy to break.
Glass is transparent.

　絵 231 のように、continuous なガラスが virtual なイメージの場合には、∅(ゼロ)の名詞句 glass を使います。

　A glass is easy to break. のように a を使うと、p.190 絵 230 のように、ガラスでなくグラスをイメージします。この例文の a glass は、virtual で discrete なワイングラスやガラスのコップのイメージです。

　　p.115 絵 168 や p.198 絵 239 のような virtual で discrete なグラスのイメージは、
多くの場合は glasses を使います。

There are many kinds of glasses.

Department stores usually sell glasses.

Glasses are made of glass.

次は the を使う場合について検討していきましょう。

グラスもガラスもイメージする

| Step 32 | the glass

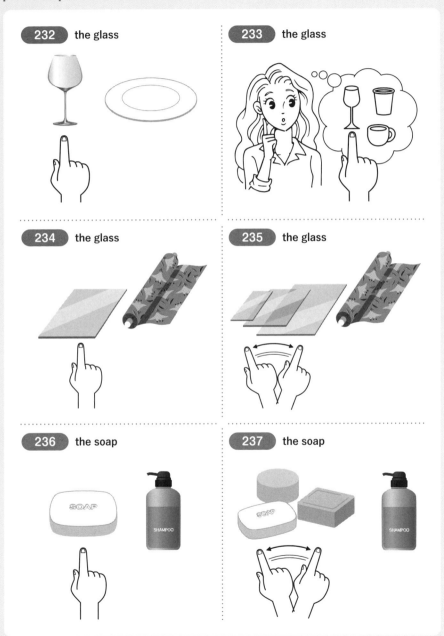

232　the glass

233　the glass

234　the glass

235　the glass

236　the soap

237　the soap

▶ the glass

I washed the glass very carefully.

　上の例文のように、the を使う the glass は、多くの場合は左ページの絵 232 のように、具体的にある actual なグラス 1 個に意識を向け、心の中で指さしているイメージを思い浮かべます。

　the glass は半分などにしたら使えなくなる、明確な境界線で区切られて分離している discrete なグラスをイメージします。そしてグラス 1 個にだけ意識を向け、焦点を絞り、スポットライトを当てています。
　the glass はワイングラスだけでなく、ガラスのコップやレンズや望遠鏡などもイメージします。

　ワイングラス 1 個を英語で言う場合には、a glass か the glass かを選べます。
　a glass はいくつかあるワイングラスの中のどれでもよい 1 個という意味です。
　the glass は話し手、書き手がたった 1 個だけのワイングラスにスポットライトを当て、どのグラスのことなのか決まっている唯一のものです。話し手、書き手は読み手、聞き手がどのグラス（which one?）を指しているのかわかるようにしなければなりません。

I washed the glass my grandmother gave me very carefully.

　さらに the glass はガラスもイメージします。左の絵 234 のように具体的で actual なガラスです。半分、4 分の 1 などにしても、質の変わらない、連続している continuous なガラス 1 枚のイメージもあります。

I cleaned the glass in the window in the living room.

　その上、the glass は絵 235 のように、ガラス 2 枚以上もイメージします。2 枚以上でも glass の語尾に -s がつきません。1 枚でも 2 枚以上でもそのガラスに意識を向け、心の中で指さしています。ガラス 1 枚だけあるいは全部に意識を向け、焦点を絞り、スポットライトを当てています。

　continuous なガラスであることを明確にするためには、
　ガラスの板 1 枚なら the sheet of glass, the pane of glass
　2 枚以上なら the sheets of glass, the panes of glass

何枚か数も入れて the three sheets of glass, the four panes of glass と言います。

I cleaned the pane of glass in the front door.

▶ the soap

The soap in the bathroom smells nice.

the soap は p.194 絵 236 と 237 のように、actual で continuous な石けん 1 個あるいは 2 個以上全部を、心の中で指さしているとイメージします。 心の中でその石けん全部に、あるいは 1 個だけに意識を向け、焦点を絞っているイメージです。

固形でも石けんは溶けてしまい、半分、4 分の 1 などにしても、細かく砕いても質の変わらない、連続している continuous なイメージです。

the glass と同じように、the soap は、石けん 1 個も 2 個以上もイメージできます。明確にするために、1 個なら the bar of soap、2 個以上なら the bars of soap、数を入れて the three bars of soap と言います。

石けんのように、連続している continuous なイメージが強く、数えにくいものでも、形を使って a bar of soap のように数えられます。

the を使うと、語尾に -s がつかない the soap は、continuous な石けんが 1 個かあるいは 2 個以上あるとイメージできます。

the を使い、語尾に -s がつかない the glass は、石けんと同様に continuous なガラスが 1 枚かあるいは 2 枚以上あるとイメージできます。

ところが the glass は discrete なワイングラスやガラスのコップ 1 個をもイメージします。

そして the soap も the glass も具体的で actual なイメージです。

▶ virtual なイメージにもなる the glass

さらに以下の例文のような the glass には、学術的なことを述べる virtual なイメージもあります。

The glass is easy to break.

この the glass は、分離している discrete なワイングラスやガラスのコップをイメージします。discrete なイメージの「もの」の場合に限り、p.194 絵 233 のように、頭の中で抽象化している典型的で virtual なイメージを表すことができます。

その場合は学術的なカテゴリーやクラス、種を表します。

そして p.190 絵 231 のように continuous なイメージのガラスが virtual な場合には、
Glass is easy to break. と ∅(ゼロ)の名詞句を使います。
ちなみに、continuous なイメージの水が virtual な場合には、
Water is clean. と∅の名詞句を使います。
ところが continuous なイメージの水に the を使うと、例えば
The water is clean.
のように、一般的なことを話しても、具体的な状況が目に浮かぶ actual なイメージになります。そこで聞き手はどこの？（Which water?）と問います。話し手は説明が必要です。
The water in the Colorado river is clean.
同様に continuous なイメージのガラスに the を使う the glass は、p.194 絵 234 や 235 のような actual なイメージになります。

ここで整理してみましょう。the glass は
1. **具体的でactualな、分離しているdiscreteなイメージの
ワイングラスやガラスのコップやレンズが1個**（絵232）
2. **具体的でactualな連続しているcontinuousなイメージの
ガラスが1枚かあるいは2枚以上**（絵234, 235）
3. **典型的でvirtualな、分離しているdiscreteなイメージの
カテゴリーを表わす「グラスというもの」**（絵233）
をイメージできます。

1, 2, 3 のどのイメージなのかは文脈で判断します。話し手や書き手は、どのイメージなのかがわかるよう、聞き手や読み手に説明しなければなりません。
同じことばで複数のイメージがある場合には、書き手、話し手は、読み手や聞き手にどのイメージなのかがわかるように、文脈で説明する必要があります。
特に話し手や書き手と、読み手や聞き手との共通理解が必須な the を使う場合には、なおさら詳しく説明する必要があります。

2個以上のグラスもめがねもイメージする

| Step 33 | the glasses

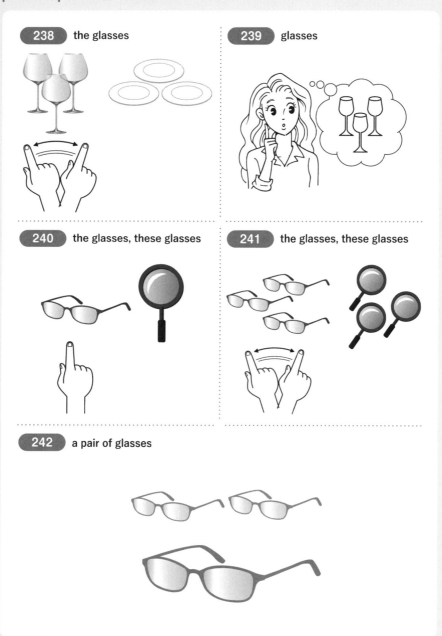

238　the glasses

239　glasses

240　the glasses, these glasses

241　the glasses, these glasses

242　a pair of glasses

▶ the glasses

The glasses are in the cabinet.

I am going to wash the wine glasses this evening.

　上記例文の the glasses のように the を使い、語尾に -s をつけると、その場にある具体的で actual な、discrete なグラス全部を心の中で指しているイメージになります。

　左ページの絵 238 のようなワイングラスのほかにもガラスのコップや望遠鏡、レンズなどをイメージします。

　the glasses は 全部にスポットライトを当てて、ひとつにまとめてしまうイメージになり、1 個 1 個のグラスの特徴は消えてしまいます。

　ちなみに the glasses, these glasses は、絵 240 のようなめがねひとつをもイメージできます。

The glasses are mine.

　あるいは絵 241 のように、めがねが 2 つ以上あることもイメージできます。

These glasses are ours.

　the glasses, these glasses は 2 個以上のめがねやサングラスをイメージすることもあるので絵 240 のように、めがねが一対であることを明確に伝えるためには the pair of glasses と言います。the を使うことで、話し手も聞き手もわかっている、唯一のめがねを指しています。

The pair of glasses on the desk is mine.

　絵 242 のように幾つかのめがねの中のどれかひとつを言う場合には
a pair of glasses と言います。

▶ glasses

　ちなみに絵 239 のように、幾つかの典型的なグラスを頭の中で想像して、一般的な話をする場合には、∅(ゼロ)の名詞句 glasses を使います。

Glasses are easy to break.

Glasses are made of glass.

　この Ø(ゼロ)の名詞句 glasses は、virtual なイメージのワイングラスやガラスの
コップ、めがねなどを思い浮かべます。

　the を使う the glasses は具体的で actual なワイングラスやガラスのコップ、め
がねをイメージします。

▶ 指しているイメージ

　ある「もの」に意識を向け、心の中で指をさしている状態は、名詞の前に the を
使い、the glass, the glasses と言います。

　実際に指をさしたときに、近ければ this glass, these glasses、遠ければ that
glass, those glasses と言います。

　心の中で指をさして焦点を絞る the は、discrete なグラスにも continuous なガ
ラスにも使います。実際にある actual で具体的なものにも、そして頭の中で想像
している virtual で、抽象的なものにも使います。

　the も a と同じように、さまざまなイメージの場合に使われます。語尾に -s が
ついていれば、分離している discrete なものが 2 つ以上あることは明確です。

　ところが語尾に -s もなく、前に a も使わない the の名詞句、例えば the glass は、
分離している discrete なイメージなのか、連続している continuous なイメージな
のか、非常にわかりにくいのです。

　どのイメージなのかは文脈で判断しなければなりません。話し手と聞き手の双方
が、どれを指しているか了解していることが必要不可欠な条件である the を使う場
合には、話し手や書き手はどのことを言っているのかを、必ず説明する責任があり
ます。いつも "Which one(s)? と聞かれることを忘れないで、暗黙の了解のある慣
習の場合以外には、やたらに the は使わないようにしましょう。

所有するイメージ

| Step 34 | my glass, my glasses

▶ my glass

I want some wine in my glass.

　左ページの絵 243 の絵では Sylvia がワイングラス 1 個を持っています。Sylvia が「このワイングラスは自分のよ」と話しているときには "This is my glass." と言います。その時その場だけ自分のものという場合もあります。

　my glass は actual で discrete なワイングラス 1 個が自分の所有している「もの」である、とイメージします。
　my glass は、読み手や聞き手はワイングラス 1 個だけでなく、ガラスのコップ 1 個、レンズ 1 個を話し手が所有しているともイメージします。

　さらに -s のつかない my glass は連続している continuous なガラスをイメージする場合もあります
This is my glass.

　絵 244 と 245 では Albert が「ガラスは自分の所有物である」と話しています。
　絵 244 と 245 の my glass は、グラスでなくガラスのことです。半分、4 分の 1 などに切って異なる形にでき、様々な形となってもその質は同じでガラスとして使える、連続している continuous なイメージのものです。具体的で actual な、continuous なガラスが自分のものである、と言う場合は、1 枚でも 2 枚以上でも "This is my glass" と言います。
　my glass は、話し手がガラスを所有しているイメージもあります。ガラスが 1 枚か 2 枚かそれ以上の枚数の場合もあり、数量は不明です。

　my glass は分離している discrete なイメージのワイングラスやグラス、コップやレンズ 1 個を表す場合もあります。
　そこで、ガラス板であることを明確にするために、1 枚なら my sheet of glass、2 枚以上なら my sheets of glass と言います。
"This is my sheet of glass."
"These are my sheets of glass."
"These are my panes of glass."
"These are three sheets of my glass."
"These are my glass sheets."

2 枚以上あっても、glass に –s をつけません。注意しましょう。

　ちなみに第 3 者、例えば Olivia と Tim が持っているガラス数枚は、まず Olivia's glass sheets とか、Tim's glass sheets と言及し、次に繰り返すときには、her glass sheets, his glass sheets と言えます。

　my glass だけではグラスやガラスのコップ 1 個のイメージがあるので、ガラスを表すためにはあえて sheet of や pane of を使って、連続している continuous なイメージのガラスであることを言います。

数を入れる

　所有格と数を言いたい場合には、普通「two of my friends」のように my と two を重ねません。p.202 絵 245 のようにガラス 3 枚にまとまっている場合にだけ「my three sheets of glass」のような言い方ができます。「three sheets of my glass」と言うような状況はかなりまれです。

　「もの」や「人」がまとまっていて、そのまとまりを表す特殊な場合だけ、次のように使えます。
Please let me introduce you to my two brothers and my three sisters.
Please let me introduce you to my two Chinese friends.

▶ my glasses

　p.202 絵 246 では Sylvia がワイングラスを 2 個持っています。Sylvia がワイングラスは自分の所有物である、と話しているときは "These are my glasses." と言います。

　my glasses は半分などにすると使えない discrete なイメージのグラスを思い浮かべます。1 個 1 個独立しているグラス 2 個以上は自分の「もの」である、とイメージします。

　my glasses は、具体的にある actual で discrete なイメージのワイングラスやガラスのコップ、レンズなどが 2 個以上、あるいは p.202 絵 247 のように、めがねを自分が所有しているというイメージもできます。さらにめがねが 2 個以上の場合もあります。

　actual なイメージのものを所有していることを表現する場合に、誰が所有しているかによって、my, your, our, her, his, its, their あるいは名前 's を使います。だれが所有者かによって表現を変えます。Papa's glasses, my glasses, your glasses, her glasses, his glasses のように組み合わせます。

連続している水のイメージ

| Step 35 | some water, a glass of water: a water, three waters

248 some water

249 a glass of water

250 a water

251 three glasses of water

252 seven waters

▶ 水 [water]

　ここでは [water] に some, a glass of, a, the, my などの限定詞 determiners を使うと、どのようなイメージを与えるかを検討していきます。

　「水」と言うときに、多くの場合は some water, a glass of water, three glasses of water のように、語尾に -s をつけません。

　連続している continuous なイメージの強い「水」に、some や a や the, my を使うと、あるいは -s をつけて discrete にすると、どのようなイメージになるか、比べてみましょう。

▶ some water

　Ⅱ章で説明したように限定詞 determiners を使わないで、下の例文のように Ø（ゼロ）の名詞句にすると、頭の中で抽象化している典型的で virtual な水になります。

Water is clean.

　左ページのように、some, a glass of, a などの限定詞 determiners を使うと、絵のように目の前にある actual なイメージの水になります。

Some water, please.

Mama gave some water to her plants.

　some water と見たり聞いた場合、読み手や聞き手は、水道から流れる水、井戸から汲み上げた水、水たまりの水、池の水、川の水、湖の水など、具体的で actual なそして連続している continuous な水をイメージします。

　絵 248 のように、some water は明確な量は言わずに、ただあいまいな量で、そして actual な「水」というイメージです。

　[water] のように、連続している continuous なイメージのものは、文法用語では数えられない名詞あるいは不可算名詞と言われています。辞書の表記も数えられない名詞 uncountable(U) となっています。ところが continuous な水でも絵 249 のように、1 杯 2 杯と数えることができます。あるいは絵 250 のように、分離している discrete なイメージにして a を使い、a water とも言えます。さらに詳しく見ていきましょう。

207

▶ a glass of water

I want a glass of water.
I want a bucket of water.

a glass of water は 1 杯の水をイメージします。
「水を 1 杯ください」は "I want a glass of water." と言います。
　もちろん、"I want a bucket of water." の場合もあります。量を表すことばを使う場合は、具体的で actual な水になります。

　a glass of water は p.206 絵 249 のように、actual で continuous な 1 杯の水のことです。連続している continuous な水それ自体を数えるときには、入れ物に入れて数えることができ、量を計ることもできます。

　逆に actual で continuous な水は、コップやボトル、バケツなどの容器を使うと量が量れます。a glass of water, a bottle of water, a bucket of water などと容器で数えます。また、量を表すことば a pound of, a gram of, a kilo of などを使って量ることもできます。

Could you give me a glass of water?
I drank three glasses of water this morning.
Sylvia gave two bottles of water to Butch.
Can you carry ten pounds of water?

ちなみに 1pound の重さは約 453g です。

　上の例文や絵 251 のように、2 杯以上になったら入れ物を表すことばの語尾に -s をつけ、three glasses of water, two bottles of water, two buckets of water となります。water には -s がつきません。
　水のように continuous なイメージのものは容器や量を表すことばを使って表現することができます。

There are three cups of coffee on the table.
I bought two bottles of wine.
There are three pounds of butter in the refrigerator.
I had a cup of tea last night.
I want a spoonful of honey.
There are 10 bottles of whiskey in the box.

▶ a water

A water, please.

a water のように a を使うと、分離している discrete な水をイメージします。境界線で分けられている discrete な水とは、どんなイメージでしょうか。

飲食店のカウンターなどに置いてある、たくさんのコップに入っている水を思い浮かべてください。すでに準備された、同じ形のたくさんのコップに入っている水は discrete な水に見える特別な状況だそうです。

ネイティブは discrete なものひとつをイメージするとき、同時に背後にも、いくつかを思い浮かべています。a は「もの」がいくつもほかに存在していることを意識し、そのうちのひとつと、強調して言っています。

p.206 絵 250 のように、具体的で actual なコップにすでに入っていて、分離して discrete に見える水の 1 杯は a water と言えます。a cup of water の省略形です。

1 個 1 個のグラスに別々に注がれる水 1 杯は a glass of water と言います。

絵 252 のように、分離して discrete に見える水 7 杯は seven waters と言います。

ファーストフード店などで注文するような特別な場合に、省略形を使って、Three waters, please. と言うことができます。

例文を見てイメージしてみましょう。

I want a water.
Could you please give me a coffee?
I'd like a beer.
We want three waters.

---

a hamburger と the hamburger

店でハンバーグを注文する場合に、同じ規格のハンバーグがすでに数多く用意されているファーストフードの店などでは Could you please give me a hamburger? のように a を使うのだそうです。a は背後にいくつかのものを同時にイメージし、その中のひとつを強調します。

客一人一人の注文を受けてから料理するレストランで、メニューを見ながらハンバーグを注文する場合には、Could you please give me the hamburger? のように the を使うそうです。それぞれの状況を想像して、その違いを洞察してみましょう。

次に the water はどのようなイメージを与えるか、詳しく検討していきましょう。

209

the を使うと水のある場所をイメージする

Step 36 | the water

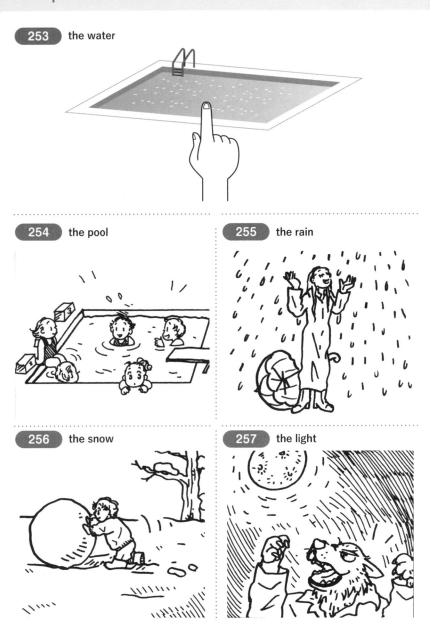

253 the water

254 the pool

255 the rain

256 the snow

257 the light

▶ the water

Butch jumped into the water.

the water は 連続している continuous な水をイメージします。

the water のように、the を使って語尾に -s がつかない場合は actual で continuous なイメージの水です。

the apple や the car は discrete なイメージであることと比べてみてください。

the water のように the を使うと、左ページの絵 253 のように客観的に存在する actual な水になります。見たり触れたりすることのできる水を心の中で指さし、スポットライトを当て、焦点を絞っているイメージです。

例えば絵 253 のようなプールの中の水、あるいは池の水、湖の水のように、水のある場所を限定するイメージを持つ、ということをつかんでください。

入れ物によって形が変わり、形が一定しない、連続している水でも the を使うと、どこの水を指しているのか、はっきりと限定します。the を使うとスポットライトを当てるので、焦点を絞っている所が強調されて、水のある「場」が限定されるのです。

以下の the water を使った例文を見て、それぞれの状況をイメージしてみましょう。

The pool is closing. Come out of the water!
There is something floating on the water.
Come swimming! The water is great!
Butch jumped into the water to save a child.
The water in my glass is blue.
Butch drank the water in the bottle which he put in the refrigerator three days ago.

▶ 場を限定する the

p.210 絵 253 の the water のように、the を使って場を限定している例を見てみましょう。

絵 254 は There are several children in **the pool**.
絵 255 は Sylvia is standing in **the rain**.
絵 256 は Tim is playing in **the snow**.
絵 257 は The wolfman is howling in **the moonlight**.
と言えます。

上の例文の the rain, the snow, the moonlight は continuous なイメージのものです。continuous なイメージのものを actual な限定した場にするために the を使っています。

the pool は discrete なイメージのものです。

the water や the rain、the snow のように、continuous なイメージのものに the を使って、場を限定するだけでなく、the pool のように discrete なイメージのものにも、the を使って場を限定しています。

さらに the を使って場を限定している例を見てみましょう。
We went to the sea last Sunday.
Our children swam in the sea.
The boys jumped into the river.
There are many houses along the river.
I walked across a bridge over the river.
Butch went fishing at the lake.

あるいは the pool, the sea, the river, the lake が話し手の周辺にひとつだけある場所のときには、これらの the は話し手と聞き手の共通理解があるから使っている、とも考えられます。

上の例文の the pool, the sea, the river, the lake は discrete なイメージのものです。

入れ物であるプール the pool は discrete です。プールや海、川や湖は水の入った入れ物、というイメージで、境界線で区切られているので、多くの場合、discrete なイメージになります。

▶ continuous なイメージの the water

　ところで、丸ごとのりんご 1 個 the apple や、グラス 1 個 the glass、自動車 1 台 the car と同じように the を使い、語尾の -s を取って the water と表現して、分離している discrete な水にすることは理論的には可能です。

　ところが discrete な水 "some waters" と聞いて、どのようなイメージがするかとネイティブに尋ねたところ、即答を得るのは無理でした。数日後に、すでに準備されているたくさんのコップに入っている水やペットボトルの水をイメージする、と説明してくれました。

　つまり入れ物を境界線ととらえているのです。a water のように a を使うと、p.206 絵 250 のように分離している discrete な入れ物の中にある水をイメージします。

　しかしプールの中の水 the water は、紙コップの中の水 some waters/a water のように境界線で囲まれていても、分離している discrete な水とはイメージしません。つまり discrete な入れ物であるプール the pool の中の the water は、いつも continuous なイメージです。

　the water は、プールの中の水、水たまりの水、池の中の水、川の中の水など限定された場所にある水をイメージします。そして the を使う場合には「唯一のもの」を思い浮かべます。限定された場にある唯一の水にスポットライトを当て、焦点を絞り限定するのです。

the television と television

the water がほかのイメージを与える場合もあります。

Could you please turn on the water?

上の例文は、水道の蛇口をひねってください、と言っています。

このような場合の the water は、水を供給する設備とイメージし、turn on the water のように the を使います。

電気やテレビやラジオやコンピューターをつける場合も

turn on the light
turn on the television
turn on the radio
turn on the computer

のように the を使います。この場合も the light は明かりを、the television や the radio、the computer はプログラムを供給する設備とイメージします。ちなみに、設備とイメージする場合に、次のような例でも the を使っています。

Sylvia took the subway to Shibuya.
Papa went to the school to talk to Tim's teacher.

テレビやラジオが設備でなく、供給する内容をイメージする場合には the を使いません。

Mama watched the news on TV.
The emperor spoke to the nation by radio.
He prefers speaking on radio to speaking on TV.
NHK English News is my favorite show on radio.

上記の例文での TV や radio は ∅(ゼロ)の名詞句で virtual なイメージです。頭の中で抽象化する典型的なもので、「テレビやラジオのプログラムというもの」と、一般的なことを話しています。

ちなみに学校で勉強する授業をイメージする場合には、Tim goes to school. のように ∅ の名詞句を使います。学校で供給する一般的な内容をイメージします。

ところが、ラジオのプログラムや電話には the が使われています。

I listen to the news on the radio.
Sylvia talked to Albert on the phone.

このように the を使うのは、かつてラジオや電話が一家に一台あった頃の慣習だろうと思われます。なぜなら、それぞれ個人が持っている携帯電話では誰の所有かを言及するからです。

Sylvia talked to Albert on her cellphone.
Albert sent a message to Sylvia on his iPhone.

この場合 the cellphone や the iPhone のように the を使うと、どの(Which one?)携帯なのかの説明が必要です。

Sylvia talked to Albert on the cellphone which Papa gave her 2 days ago.

境界線をイメージする、分離している水

| Step 37 | the waters

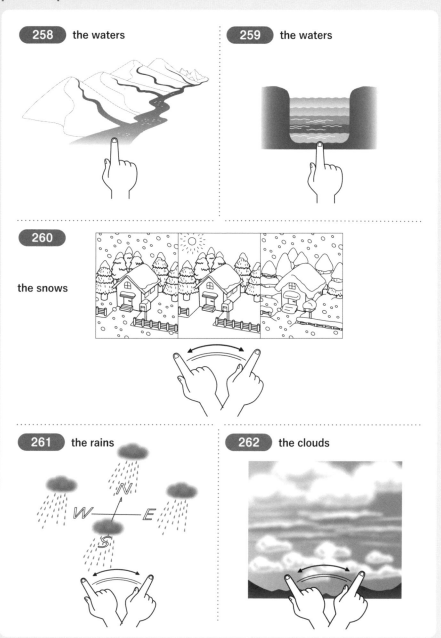

258　the waters

259　the waters

260

the snows

261　the rains

262　the clouds

　次はネイティブでもなかなか思い浮かばない discrete なイメージの水について検討しましょう。

▶ the waters

　the waters のように the を使うと、水は具体的にある actual なイメージのものです。そして、水を指さして焦点を絞り、意識を集中しています。スポットライトを当て、どの水かを限定しています。

　the waters のように語尾に -s をつけると、分離している discrete な水になります。discrete な水とはどのようなイメージでしょうか。

　ネイティブによると、さまざまな山から流れ始めた川が、大きな川に流れ込んだ場合の水をイメージするそうです。あるいはさまざまな川から流れ込んだ湖の水や、海の水もイメージできるそうです。川に流れている水、広い湖、海などの大量の水を思い浮かべてください。

　the waters は左ページの絵 258 のように、具体的に存在する actual で、分離している discrete な水に焦点を当て、心の中で指さしているイメージです。

　そして the waters はさまざまな場所から流れて込んで来る川や湖、海などの、大量の水をイメージします。

　あるいは the waters は絵 259 のように、種類の異なる特殊な水もイメージします。さまざまな種類の水は混ざり合っていて実際には見えませんが、水の状況を境界線で分け、何とか無理やりに分離して、絵 259 のように discrete にしているイメージを描いてみました。ほかと区別できる特別な成分をもっているとか、異なる種類の湧き水や鉱泉や泥水など、さまざまな種類に分離している discrete な水のイメージになります。

　以下の例文を見て、the waters をイメージしてみましょう。

The icy waters of the Northern Sea

　（the Northern Sea の氷のような海）

Ruby lives near the coastal waters of Bowshee Island.

　（Ruby は Bowshee Island の海辺の近くに住んでいる）

Nautilus often crosses the deep waters of the Southern Sea to see Ruby.

　（Nautilus は Ruby に会いに、よく深い海を渡る）

217

Mama has gone to a resort in Kyushu to bathe in the water(s).

（Mamaは鉱泉に入るために、九州の温泉地に行っています）

Mama drank the waters because she believed they were good for her health.

（Mamaは健康に良いと信じて、その湧き水を飲んだ）

Don't muddy the waters.

（水を泥でにごさないで）

▶ the snows, the rains, the clouds, a cloud

The snows are melting now.

The rains did not come to nourish the land. （p.118の物語より）

（大地に恵みを与える雨は全然降りませんでした）

　ところで、water に –s のつく waters が、なぜ、いくつもあるというイメージの水になるのか、ネイティブにも始めはわかりませんでした。連続している continuous なイメージが強い雨や雪のようなものも、the rains, the snows のように -s のつく、分離している discrete なイメージがあります。

　p.216 絵261 のように、同時に何カ所かで降っている雨は the rains です。

　絵260 のように、降る時期が異なる雪は two snows, three snows と回を数え、そして層になって積もっている、なだれの原因にもなる雪の層は the snows です。

　絵262 のように、異なる種類が重なっている雲の層は the clouds です。

　ここまでの、雨や雪、雲のイメージから、実際には混合してしまい、境界線ははっきりと見えない水であっても、絵259 のように、異なる種類の層になっているイメージではないかと推察できます。

　絵258 や 259 のような特殊な場合には語尾に -s をつけて、the waters と言って、分離している discrete な水としてイメージするのです。

雲

The moon came out from behind a cloud.

　前に述べたように、雲はいろいろな形に変化して、とらえどころのないものです。ところが、上の例文ように、discrete なイメージでよく使われます。それは上の絵 263 のように空に浮いている雲ひとつひとつは、明確な境界線で区切られている、と見るからでしょう。

　水のように一定の形のないものが continuous であると思い込んでいた私には、一定の形のない雲が discrete なイメージであると知ったときは驚きでした。discrete か否かの決め手は、変化する形態ではなく、境界線であるという認識を新たにしました。

　水は多くの場合、連続している continuous なものとイメージされていて、ネイティブでさえ、分離した discrete な水というものをなかなかイメージできません。分けても分けても同じ質を保ち、一定の形がなく、continuous なものとしてのイメージが一般的であるものの場合には、分離している discrete なイメージを思い浮かべるのは非常に困難です。

　some water, a lot of water のように、量を表すことばを使って -s をつけない場合は continuous なものです。
　the waters のように、-s をつけたり、a water のように a を使う場合には、discrete なものだとはっきりわかります。
　明確なことばで表現されている場合にはすぐにわかりますが、the water のように the を使って -s がつかない場合には、continuous なものなのか、discrete なものなのかを判断しイメージするのは非常に困難です。
　そこで、continuous な水か、discrete な水かを明確にするために、イメージが特殊な discrete な水には常に -s をつけ、the waters と言っているのでしょう。
　the water のように語尾に -s がつかない場合には、continuous な水とイメージします。the を使うと焦点を絞るので、スポットライトの当たっているところが強調されて、p.210 絵 253 の水のように、例えばプールの中という場が限定されます。

219

所有する水のイメージの考察

| Step 38 | my water, our waters

264　my water

265　our waters

▶ my water

Butch: I'm drinking my water.

　左ページの絵 264 では Butch がボトルから水を飲んでいて、「自分の水を飲んでいる」と話しています。具体的な actual な水です。ボトルの中にある水それ自体は半分、4 分の 1 などにしても質の変わらない、区分ける境界線がないものです。このような水は連続している continuous なイメージの「もの」です。

　my water は、水は自分の「もの」である、と話し手が所有していることをイメージします。actual で continuous なイメージの水です。少しの水かたくさんの水なのか、量は不明です。誰が所有しているかに意識が向いています。

▶ our waters

Japanese waters, American waters,
our waters, their waters

　上の例や左の絵 265 のように、actual な領海は日本のものである、と言う場合に Japanese waters と言います。Japanese waters は客観的に、具体的にある海を、日本の領海であるとイメージします。

　所有格を使って語尾に -s をつける our waters, their waters などは、世界地図の中にある actual な海域をイメージします。現在、世界の海には境界線を引いて、区切られた領海がいくつもあります。大量な水を有する海のイメージだけでなく、分離している discrete な海域だとイメージすることもできます。

　領海は、次のようにも言います。
　　(the/our) territorial waters/seas
　　(the/our) economic waters

連続している空間、分離しているスペース

| Step 39 | some space, a square meter of space: some spaces, a space

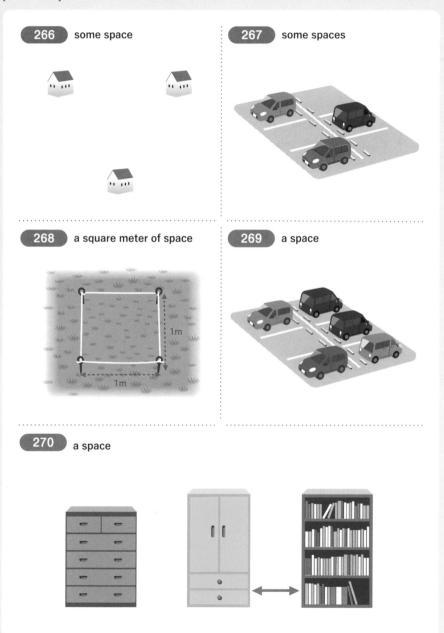

266　some space

267　some spaces

268　a square meter of space

1m

1m

269　a space

270　a space

次に「空間」や「スペース」、辞書原型 [space] が actual な場合には some, a, the, my を使うとどんなイメージになるのかを検討しましょう。

[water] では、some waters や the waters の discrete なイメージは無理やり思い浮かべてもらいましたが、[space] では continuous なイメージの some space も、discrete なイメージの some spaces もすぐに思い浮かべることができます。

▶ some space

There is some space between the houses.

いま一度、遠くの山や建物、広い野原を眺め、実際に存在する空間を見てください。空ではなく、自分の周りに広がる空間をです。

some space のように some を使うと、左ページの絵 266 のように具体的で actual なイメージになります。連続している continuous な空間ですが、無限の空間ではなく、限りがある空間をイメージします。限りない宇宙は outer space で、Ø(ゼロ)の名詞句です。

▶ a square meter of space

We have a square meter of space in the garden.

some space のように continuous なイメージのものは、文法用語では数えられない名詞 uncountable[U] と言われています。ところがスペースを1㎡、2㎡などと数えることができます。continuous な空間でも actual な場合には square meter, square foot, cubic meter などの単位を使って数えられます。

a square meter of space は1メートル四方、つまり1㎡の空間です。半分、4分の1などにしても質の変わらない、連続している continuous な空間をイメージします。絵 268 のように具体的な数量を限定している actual な空間です。

以下の例文を見てイメージしてみましょう。
I want around 5 square meters of closet space.
（約5平方メートルのクローゼットのスペースが欲しいです）
Sylvia Corporation has around 1500 square feet of office space.
（Sylvia Corporationにはオフィスのスペースが約1500平方フィートあります）
ちなみに 1foot は 30,48cm です。

▶ some spaces

There are some empty spaces in the parking lot.
There are some spaces between the chairs.

　上の例文 some spaces のように語尾に -s をつけると、境界線で区切られた、いくつかの分離したスペースをイメージします。 p.222 絵267 のように車が止まっている駐車場の中のいくつか空いているスペースや、部屋の中の家具と家具の間にあるスペースを思い浮かべてください。同じように、人と人の間の空席、あるいはこのページに見える字と字の間のスペースいくつかをイメージします。さらに、時間と時間の間のスペースのこともあります。some spaces は狭くても広くても、明確な境界線のある discrete ないくつかのスペースです。

▶ a space

I found a space!

　例えば p.222 絵269 のように駐車場に車が何台も止まっていて、車と車の間にひとつのスペースが空いているとき、"I found a space!" と言えます。
　a space のように a を使うと、明確な境界線で区切られた discrete なスペースひとつをイメージします。a space は 絵269 や 270 のように actual で具体的なスペースです。

　a space は家具と家具の間や車と車の間だけでなく、人と人の間、字と字の間、時と時の間などのスペースをひとつ思い浮かべます。 ただし、a space は背後に同じスペースをいくつか同時に思い浮かべています。a を使うと同じスペースがいくつもあり、その中のどれかひとつを選んだ、というイメージになります。

　例文を見てイメージしてみましょう。
　　　Sylvia found a parking space in front of the station.
　　　I put a space between the two sentences.
　　　You need to leave a space after that word.
　　　Albert had to write a novel in a short space of time.
　　　（Albert は短い期間で小説をひとつ書かなければならなかった）

theのイメージ

| Step 40 | the space, the spaces

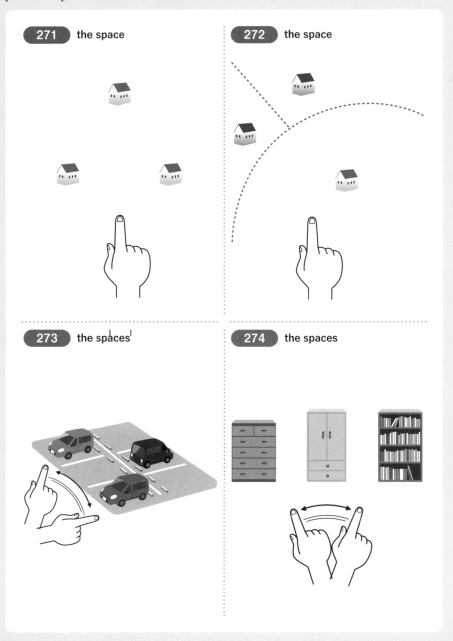

271 the space

272 the space

273 the spaces

274 the spaces

▶ the space

The space between the houses is available.

（家々の間の空間は利用できる）

the space のように the を使うと、どのようなイメージを与えるでしょうか。

the space は continuous な空間です。そして左ページの絵 271 のように、具体的に存在している actual な空間です。the space のように the を使うと、連続している空間の一点に焦点を絞り、スポットライトを当てているイメージになります。continuous な空間でも the を使うと、どこの空間を指しているのか、はっきりと限定します。

the を使うと焦点を絞るので、スポットライトの当たっているところが強調されて、場が限定されるのです。ただし話し手や書き手は、どの空間のことを言っているのか説明が必要です。

以下の例文を見て the space をイメージしてみましょう。

Look at the space between the earth and the moon.

I watched the movie "The Space Between Us."

There is a mouse hiding in the space between the bottles.

The space between Teria's eyes is pretty wide.

（Teriaの目と目の間はかなり広い）

In the space of three years, ten people on Papa's staff were fired.

（3年の間にPapaのスタッフ10人がクビになった）

The cat was in the space between the refrigerator and the wall.

（猫は冷蔵庫と壁の間のスペースにいた）

the を使うと、上の例文のように どの場を言っているのかを詳しく説明しています。区切られたスペースになり、あたかも discrete なイメージになります。

ところが具体的にある actual な場合には、境界線で区切られた discrete なスペースひとつに焦点を当て、心の中で指さしているイメージも理論的には the space と言うことができます。例えば p.222 絵 269 や 270 のように、境界線が明確なスペースひとつに、書き手や話し手が焦点を当て、読み手や聞き手もどのスペースを指しているのかがわかる場合には、the space が使えます。

227

　そのために、語尾に -s のつかない the space が境界線で区切られていない continuous な空間か、明確な境界線のある discrete なスペースか、どちらのイメージを表現しているかを判断するのは非常に困難で、ネイティブにもはっきりと区別できませんでした。

　しばらくしてから、そのネイティブが p.226 絵 271 に所有地の境界線を描けば、絵 272 のように、discrete なスペースをイメージすることもできることに気がつきました。

The space around the red house is big.

　しかし同じネイティブが絵 272 を見て、

There is a lot of space around the red house.

と、space に -s のつかない continuous なイメージのスペースにもなる例文を即座に作りました。そこで [space] は continuous なイメージが強いのだと確認しました。

　この混乱した状況から学んだことは、the space のように continuous なイメージが強い場合には、-s がついていないと あえて discrete なイメージを思い浮かべないこともある、ということです。

▶ the spaces

Look at the spaces between the chairs.

　家の中の家具と家具の間にある何カ所かのスペースを、あるいは車と車、人と人、このページの文と文、単語と単語、字と字の間のいくつかのスペースを見てください。

　the spaces は p.226 絵 273, 274 のように「もの」と「もの」の境界線の間にあり、区切られ、分離している discrete なスペースが 2 カ所以上あることをイメージします。

　the を使い、語尾に -s をつけると、具体的に存在している actual な何カ所かのスペース全部に意識を集中し焦点を当て、心の中で指さしているイメージになります。

以下の例文を見て、the spaces をイメージしてみてください。

I want to see the wide-open spaces of Australia.

Could you please fill in the blank spaces on the form?

（用紙の空欄を埋めてください）

所有するイメージ

| Step 41 | my space, our spaces

275 my space

276 their spaces

277 her space

▶ my space

This is my space.

　広がっている空間は半分、4分の1などにしても質の変わらない、境界線で区分けできない、連続している continuous なものです。

　上記例文の my space は具体的にある actual で 連続している continuous な空間を、話し手が所有しているものであるとイメージします。

　左ページの絵 275 は Pooch が黒い犬に、ここは自分のスペースだと主張している様子を描きました。話し手が具体的で actual なスペースは自分のものだ、と話すときには "This is my space." と言えます.

---

my space

　自分の空間がある、と言いたい場合に、試しに次のような例文を作ってみましたが間違いでした。
　　~~I have my space in our office.~~
　　~~I want my space in our house.~~

　上の文の場合には、どのスペース(which?)の話ではなく、
I have a sister. のように何(what?)の話をしているので、my space はおかしいのです。
　　~~I have my sister.~~　　とは言いません。
some を使って、
　　I have some space in our office.
　　I want some space in our house.　と言います。
　連続している continuous な空間には、空間を actual にする some を使い、語尾に -s がつきません。
　具体的な数量を使い、どのくらいの広さなのかを言うこともできます。
　　I have 3 square meters of space in our office.
　　I want 1,000 square feet of space for our house.
ここでも space の語尾に -s がつきません。continuous な空間です。

　特に自分のものだと言いたい場合には、I have my own space. とは言えます。

▶ their spaces

These are their spaces.

p.230 絵 276 は家具と家具の間のすき間を 2 匹の猫たちが占領している様子を描きました。ひとつ、ひとつが明確な境界線で区切られた discrete なスペースです。

「具体的で actual なすき間 2 カ所は、その猫たちが所有しているものである」と言いたい場合に、space の語尾に −s をつけて、the cats' spaces と言います。そして次からは their spaces と言い、具体的にある actual で分離している discrete なすき間や、スペースを猫たちが所有していることをイメージします。

絵 277 のように、2 つのスペースではなく一カ所だけに 1 匹の猫がいることも考えられます。分離している discrete なスペースの一カ所をイメージします。

「具体的で actual なすき間一カ所は、その 1 匹の猫が所有しているものである」と言う場合には -s を取って、the cat's space と言います。そして次からは his space とか her space と言います。

前に my space は連続している continuous なイメージである、と説明しましたが、絵 277 のように家具と家具、あるいは自動車と自動車の間のように明らかに分離している discrete なイメージもあります。

やっかいなことに、my space は連続している continuous な空間にも、境界線で囲まれ分離している discrete なスペースのイメージにもなります。

my space は絵 275 のように、遠く離れた家と家の間の空間は、連続している continuous なイメージです。ところが my space は絵 277 のように、分離している discrete なスペースのイメージにもなります。

所有格 my, your, our, his, her, its, their を使うと、所有している「もの」に焦点が絞られ、the, this, these, that, those と同じように、どれを示しているかを限定してしまいます。

誰のスペース、どのスペースだと言うと、その空間を限定してしまい、限定されたスペースは境界線で囲まれ、分離している discrete なスペースのイメージにもなります。

さらに混乱することに、ネイティブが -s をつけない my space や your space を使うときは「誰」のものかに意識が向いてしまうので、連続している continuous なイメージなのか、分離している discrete なイメージなのかは思考から抜け落ちて消えてしまうそうです。

　このように所有を表わす場合は、話し手も聞き手も誰のものかに意識が向いているし、場所も限定されるので、continuous なイメージなのか、discrete なイメージなのか、はっきり判断できないそうです。

　ちなみに my apple や the apple は、理論的には切ったりんごひと切れか 2 切れ以上ともイメージできますが、慣例的に discrete な丸ごと 1 個をイメージします。

連続している時、時間、分離している期間、時期

| Step 42 | some time: three times, a time

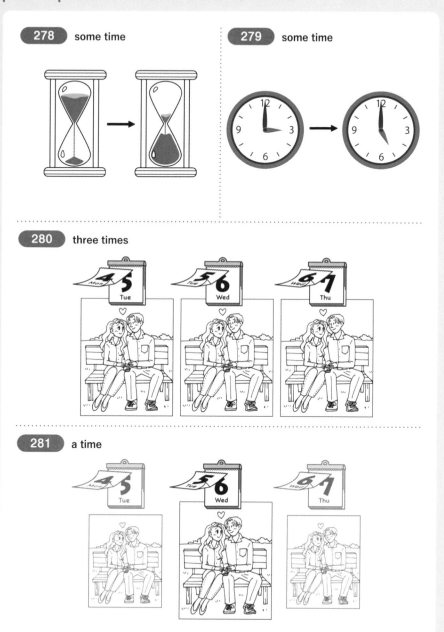

278 some time

279 some time

280 three times

281 a time

次に「時間」辞書原型 [time] が具体的で actual な場合には、some, a, the, my のグループの中の限定詞 determiners を使うとどんなイメージになるのかを検討しましょう。

「time」は continuous なイメージでも discrete なイメージでもよく使われるので、左ページの 278 から 281 の絵でそのイメージを比較してみてください。

▶ some time

まずは点々が連続している折れ線グラフのような continuous な時間に some を使うと、どのようなイメージを与えるかを検討してみましょう。

Do you have some time?

上の例文のように some を使うと、時間を具体的に感じる時間にします。永遠に流れる時間を、ある限定された時間にもします。

some time は折れ線グラフのように、点々とずっと続く連続している continuous な時間をイメージします。278 の砂時計や 279 の時計の絵で見えるように、刻々と流れていると感じる時間を具体的で actual にイメージします。さらに、ある１点から次の１点へと流れる限定された時間になります。時計をイメージして、そのうちの限定された時間を思い浮かべてください。

How much time do you need to cook dinner?
A few hours.

点々とずっと続く continuous な時間を計る場合には、time ということばは使いません。1 second, 1 minute, l hour, 1 day, 1 week, 1 month, 1 year のように計量します。

▶ three times

Sylvia sees Albert at least three times a week.

左の絵 280 を見てください。Sylvia と Albert は週に３回会っていることを描いてみました。

three times のように語尾に -s をつけると、始まりと終わりの明確な境界線がある discrete な時間をイメージします。具体的な数量を言うと、actual な期間になります。日本語では３回、３度のように数えます。

　一分間に、一年に、一生に 3 回、3 度のように数えられ、始まりと終わりがある期間で、具体的で actual に感じます。

　前にも述べた例文をもう一度見てみましょう。

Sylvia saw the movie 5 times.

Mama calls at least three times a day.

How many times have you been to New York?

A lot of times.

---

zero times, once, twice

A: How many times have you been to New York?
B: Zero times.
C: No times.
D: None.
E: Never.

回数がゼロのときでも zero times と言い、-s がつきます。
1 度の場合には this one time と言い、-s はつきません。
1 度 2 度，1 回 2 回の場合には普通、once, twice を使います。

　分離している discrete な three times などは、何倍かの倍数を表わすこともあります。

　回数や度数、あるいは倍数は three, four, five などの数や many, a lot of, several, a few などの数を表すことばを使って表します。

　~~some times~~ とは言いません。sometimes のように 1 単語になり、「時々」という特定の意味になります。

▶ a time

We had a good time.

上の例文のような a time は p.234 絵 281 のように、何かの出来事があった始まりと終わりがある期間で、具体的に感じられる actual な時間をイメージします。

始まりと終わりの明確な境界線がある discrete な時間、例えば three times のそのうちの一期間を言う場合には、a time と言います。

出来事を思い浮かべ、それに費やされた時間を始まりと終わりの境界線で区切って分離してみてください。a time はその境界線で区切られた discrete な期間の中の一回を表しています。背後には区切られた期間、何回かをイメージしていて、そのうちのどれでもよい、どれか一度の期間を選んでいます。discrete な時間は times と言い、そのうちの一期間を言う場合には a を使い、times の –s を取り a time といいます。

a time の例文を見てみましょう。

I can speak only a few words in English at a time.

For a time we didn't talk at all.

Butch played baseball for a long time.

I had a difficult time speaking English.

I had a fantastic time today.

There was a time of drought, when the land was barren and dry.
（p.118の物語より）
（干ばつがおこり、大地は乾き、荒れ、不毛の時がありました）

There was a time in Texas when the Comanche people looked at the beautiful earth and felt it was all theirs. （p.118の物語より）
（テキサスで、コマンチ族の人々はすべての周りの美しい大地を見て、すべて自分たちのものだと思っていた時がありました）

バーチャルなイメージの時間

| Step 43 | time, times

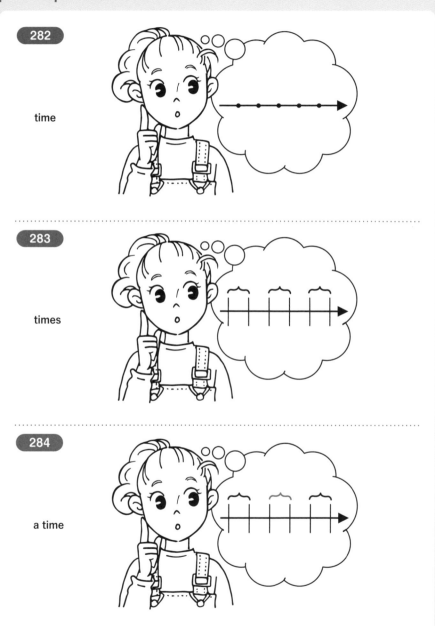

▶ time

Time is money.

　上の例文のような、辞書原型 [time] のままの∅(ゼロ)の名詞句である time は、頭の中で抽象化している典型的で virtual な「時」のイメージを与えます。語尾に -s をつけないで、折れ線グラフのように点々と連続している continuous なイメージの時間にしています。

　以下の英文は左ページの絵 282 のように、continuous な時間の virtual なイメージを与える例です。

　前にも述べましたが、もう一度再確認してください。

Time flies like an arrow.

Time heals all wounds.

Your understanding of time and space is different from mine.

Time passed very slowly when I was a child.

Olivia is learning to tell time.

There is still time for Mama to watch TV.

I should make time to study English.

Do you have time for coffee?

I'm sorry. I don't have time to see you today.

Because we were late catching our train, we didn't have time to eat dinner.

I'm sorry, Boss, but I'm not ready yet. I'll need time to finish.

It is time to go to bed.

▶ times

When I was a child, there were often times when I hated going to school.

　上の例のような∅の名詞句である times は、抽象的で virtual な典型的な「期間というもの」をイメージします。語尾に -s をつけた times は、左の絵 283 のように、境界線で分離している discrete な時間をイメージします。

　日本語では文脈により、時間、時、期間、時期、時代、時勢などと訳されます。

前に提示した例文をもう一度見て virtual な times をイメージしてみてください。

Mito Komon lived in feudal times. （封建時代に）

Hard times came after good ones.

Times are changing.

At times, I regret that I didn't put more effort into studying English hard.

In every person's life, there are times when s/he feels lonely.

▶ a time

a time は p.238 絵 284 のように、頭の中で抽象的で典型的なイメージを想像している場合もあります。一般的で virtual なイメージです。a time は始まりと終わりのある discrete な期間です。

絵 284 では時間の流れを抽象的に線で描いて、境界線で分け、一期間を強調しています。境界線で分離している discrete な時間の中の一期間を a time と言います。

virtual な時間で、分離している discrete な時間の中の一期間を代表として選ぶ場合は a time と言えます。

a time は頭の中で抽象化している一般的で virtual な「時間というもの」を言う場合にも使うことができますが、「目に見えない抽象的な事象」が具体的に実在する actual なことなのか、頭の中で想像している virtual なことなのかをイメージするのは非常に難しいことです。

> **There is a time for everything.** （何事にも時機というものがある）
>
> **Once upon a time, an old lady went to the river.** （昔むかし）

上の例文が virtual な時間のイメージなのか、actual な時間のイメージなのか、名詞句に詳しいネイティブの言語学者に尋ねてみました。彼はしばらく考えて「どちらなのかあいまいだ」と答えました。virtual なのか actual なのかはネイティブにとっても明確に区別できない場合もあるということです。

前に出した例文を再度あげてみましょう。I had breakfast. の breakfast は virtual なものです。頭の中で朝食を食べているところを想像して、一般的な食べるものや行為をまとめた総称としての「朝食というもの」を breakfast と言っています。

　実際に食べたものは I had an egg and a roll for breakfast. で、この an egg, a roll は actual なものです。この場合には一般的で virtual なものなのか、具体的で actual なものなのか明確に区別できます。

　ところが左ページの例文 a time のように、目に見えない抽象的な概念の場合にはネイティブでも区別がつきませんでした。actual なのか virtual なのかを区別する明確な境界線があるのではなく、あいまいな場合もあるようです。

　virtual な時間だと明確にするためには、I had breakfast. の breakfast のように ∅(ゼロ)の名詞句にして、time あるいは times を使いましょう。

theのイメージ

| Step 44 | the time, the times

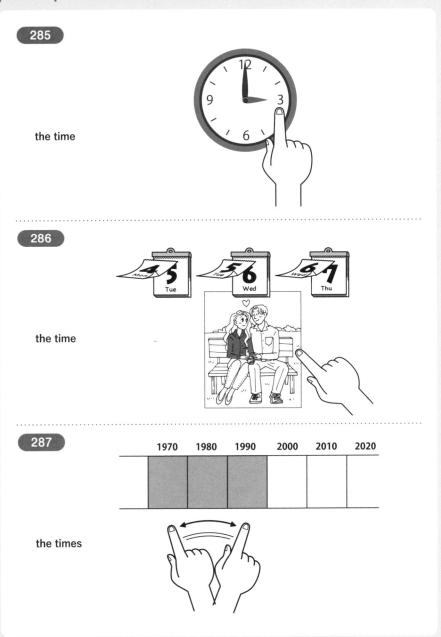

285

the time

286

the time

287

1970 1980 1990 2000 2010 2020

the times

▶ continuous な the time

Do you have the time?

　上の例文のような the time は具体的な時間を限定し、ある一時点を心の中で指さしているイメージです。

　刻々と過ぎていく時間を目に見える形にした時計を思い浮かべてください。そして具体的に実際にあると感じる actual な時間をイメージしてください。時計の針が動いて通り過ぎていく点から、向かう先の点を見てください。点から点へと、途切れなく動いていく時が連続している continuous な時間のイメージです。

　そして左ページの絵 285 のように、時計の針が指している一点に焦点を絞り、心の中で指さした一時点を言う場合に the を使い、the time と言います。

　the time は、連続している continuous な時間が具体的にある、と感じる actual な時間をイメージします。そして the を使うと、時計の針が指している一点に焦点を絞り、心の中で指さしているイメージになります。

　例文を見て、the time をイメージしてみましょう

　What is the time?　英国で（What time is it?）

　Do you have the time?　（What time is it?）

　Welcome to Tokyo. The local time is 2:30 p.m.

　Mama! Look at the time! We have to go.

　9:00 is the time when this store opens.

　Now is the time when the stores open.

　Now is the time to say something about it.

　At the time of earthquake, we were in the same building.

　Tim thought it was a good idea at the time.

　Teria and I opened the door at the same time.　（同時に）

　The time will come when you will regret having done so.

　　（そうしたことを後悔する時が来る）

　By the time Candy got the sea munchkin on the beach to the hospital, he was already dead.

　　（Candy が海岸にいた sea munchkin を病院に連れて行った時には、もう死んでいた）

以下の例文を比べて見てください。よく耳にする英文です。名詞句の違いだけによってイメージが異なります。それぞれがどのような意味になるのか考えてみましょう。

Do you have time for coffee?

Do you have some time?

Do you have the time?

Do you have time for coffee? では、time は Ø（ゼロ）の名詞句なので、p.238 絵 282 のような virtual で典型的な時間のイメージです。一般的に「コーヒーを飲む時間というものはありますか？」と聞いています。

Do you have some time? では、some time は p.234 絵 278 の砂時計のように具体的で actual に点から点へ流れる時間をイメージします。実際にいくらかの時間をとれますか？という意味です。「お時間ありますか？」と聞いています。

Do you have the time? では、the time は時計の 1 点を指しています。「何時ですか？」と聞いています。

▶ discrete な the time

May 6th is the second time that Sylvia saw Albert in the park.

In the time of Shakespeare people enjoyed watching plays.

（シェイクスピアの時代には、人々は観劇を楽しんでいた）

p.242 絵 286 のように Sylvia が actual で 具体的な時間の流れの中で、Albert に会うこと（始まって終わる出来事）に費やした discrete な時間に意識を向け、そのうちの一期間を心の中で指さしているイメージの場合にも the time が使えます。

前に述べたように the time は continuous な時間をイメージします。それは絵 285 のように、時計の針が指している一点に焦点を絞り、心の中で指さしているイメージです。

ところが the time は、絵 286 のように、始まりと終わりで区切られる discrete な時間の場合にも使います。

the time は具体的にあると感じる actual な一期間を、心の中で指さしているとイメージします。始まりと終わりのある出来事の一場面を思い浮かべます。そこで

要した時間は境界線で区切られた discrete な時間のイメージになります。そして出来事に費やした期間に焦点を絞り、心の中で指さしている状況が目に浮かびます。

　一期間だけに焦点を絞った場合に the を使い、語尾の -s を取り、the time と言います。日本語では文脈により、時間、時、期間、時期、時代、時勢、回、度数などと訳されます。

　以下の例文を見て、分離している discrete なイメージの the time をイメージしてみましょう。

This is the fifth time I have told you. （5度目）
The first time I saw Sylvia, she was a child. （初めて）
Was that the last time Olivia saw Grandma? （最後）
That was the only time Papa visited New York. （その時だけ）
People enjoyed poems at the time of Shakespeare.
（シェイクスピアの時代）
Winter is the coldest time of the year. （一番寒い時）

　上記の例文のように、the time は始めと終わりの境界線で区切られた discrete な期間をイメージする場合と、刻々と動く一点を指す continuous な時間をイメージする場合があります。discrete な期間なのか、continuous な時間なのかのイメージは文脈で区別します。

　目に見えない抽象的な概念の場合にはネイティブでも discrete なのか continuous なのかなかなか区別がつきません。discrete なのか continuous なのかを区別する明確な境界線があるのではなく、あいまいな場合もあるようです。

▶ the times

Ruby spent some of the happiest times of her life with Nautilus.

　上の例文 the times は、時計やカレンダー、年表を思い浮かべて、目に見えない時間の流れを具体的にある actual な時間だと感じます。そして始まりと終わりのある出来事を思い浮かべ、その出来事に要した期間は何度かあり、分離している discrete な時間とイメージします。次に書き手や話し手がその期間全部に焦点を絞っている状況が目に浮かびます。

　p.242 絵 287 は、1900 年代後半(具体的にあると感じる actual な時間)に、始まって終わった出来事に費やした期間(分離している discrete な時間)に意識を向け、心の中で指さしているイメージです。

　例えば何回も幸せな時間を過ごした 30 年間に、あるいは 30 年間、良いことも悪いこともあった結婚生活に意識を向けているような場合です。そのようなイメージの場合に、time の語尾に -s をつけ、the を使い、the times と言います。

　the times は出来事に費やした始めと終わりの境界線で区切られた時間、何度か繰り返された具体的な期間に焦点を当てたイメージです。日本語では文脈により、時間、時、期間、時期、時代、時勢、回、度数などと訳されます。

　例文を見て、the times をイメージしてみましょう。

We remember all the good times we had in New York.
　(私たちはニューヨークで経験したすべての素敵な時間を覚えている)

Mama appreciated both the good times and the bad ones.
　(Mama はいい時代にも悪い時代にも感謝した)

I need to change with the times, or I may go out of business.
　(時代とともに変わらないと、このビジネスに失敗するかもしれない)

Mama's fashion is a little behind the times.
　(Mama のファッションは少し古くさい)

It is a sign of the times that politicians are constantly criticized.
　(政治家がいつも批判されるのは時代の兆候だ)

The program lists the dates and times of all the concerts this month.
　(プログラムに今月のコンサートすべての日時が列挙してある)

所有するイメージ

| Step 45 | my time, his times

288

my time, your time

289

her time

290

Tokugawa's times

▶ continuous な my time, your time

"Let's talk at 11:00 p.m. my time, or 10:00 a.m. your time."

　左ページの絵 288 では東京にいる Teria がボストンにいる Sylvia に話しています。このように、誰の時間かを強調する場合に my, your, our, his, her, its, their あるいは名前 's を使います。my time は具体的な actual な時間を、そして点から点へ移動する「時間」を感じます。時計の針のように、折れ線グラフのように、点々をつなげて動いているとき、時間は 連続している continuous な時間です。my time は continuous な時間を話し手が所有していることをイメージします。ただし、前に説明したように、所有しているというイメージが弱い場合もあります。

　他の例文を見てみましょう。
　　I didn't really enjoy my time in Boston.
　　You are wasting your time.
　　Okay everybody, your time is up. Turn in your test papers.
　　Just take your time and think about what you're saying.

　上記は誰かが所有している、具体的に感じる actual な時間の例文です。ある時間を誰かが所有すると、その時間を限定してしまい、境界線で区切られているように感じてしまいます。
　時間のように、目に見えない、聞こえない、匂いもなく、形のないものは連続している continuous なものなのか、分離している discrete なものなのかを区別するのは非常に難しいことです。ところが my time は、始まりと終わりのある出来事に費やされる、分離している discrete な期間を表すこともあります。

　次に棒グラフのように明確な境界線で分離している discrete な時間や期間に my を使うと、どのようにイメージするかを検討してみましょう。

▶ discrete な my time

Grandma was beautiful in her time. （若い頃）

　上の例文のような her time では、具体的な actual な時間を感じてください。出来事を始めたとき、終わったときを思い浮かべてください。
　一日、一週間、一ヶ月、一年、一生と、始まりと終わりで区分できる期間を考え

てください。その期間に起こる出来事を思い浮かべてください。

　始まりと終わりが境界線で区切られている期間は discrete なイメージです。p.248 絵 289 のように、出来事が起きた一期間を自分が所有していることをいうときは my time といえます。my time, your time, our time などは、日本語では、時間、期間、年代、時代、死期、出産期、時勢などと訳されます。

　以下の例文を見て my time, our time, his time, her time などのイメージを思い浮かべてください。

Kohei Uchimura is remembered as one of the most significant athletes of our time.
　（内村航平は我々の時代の最も重要な運動選手として記憶される）

His fame will outlast his lifetime.
　（彼の名声は死後も残るだろう）

Kennedy was ahead of his time in taking a firm stand against racial discrimination.
　（Kennedy は時代に先がけて確固たる人種差別に反対の立場をとった）

Tomoe Gakuen was a school way ahead of its time.
　（トモエ学園はその時代のずっと先を行く学校でした）

Did you ever see Haruko Sugimura act?
No, she was long before my time.
　（杉村春子は私よりもずっと前の時代の人でした）

I've met some rude women in my time, but she's the worst.
　（私の人生で無礼な女性に何人か会ったことがありますが彼女は最悪でした）

Her time was drawing near. （死期が近い）

Mama felt her time was near. （出産が近い）

The baby was born before its time. （月足らずで生まれた）

I seem to spend most of my time on the phone. （ほとんどの時間）

Our flying time from Tokyo to London is 12 hours. （飛行時間）

What's his best time in the 100 meter dash? （一番いいタイム）

Butch's time for the race was 10 seconds. （Butch のタイム）

Bob rearranged the office on his own time. （Bob の自分の時間）

The bus is taking its sweet time getting here. （心地よい時間）

　左ページの例文は 誰かが所有している、具体的に感じる actual な時間の例文です。p.248 絵 289 のイメージのように、始まりと終わりが境界線で区切られている discrete な期間と考えた方がわかりやすくなります。

　my time, our time, his time, her time などは絵 288 のように 連続している continuous な時間もイメージできます。抽象的な概念の時間が discrete な「もの」なのか、continuous な「もの」なのかを判断するのは、ネイティブにとっても非常に困難です。

　ここでもう一度、確認しましょう。
　時間は、刻々と過ぎていく時を目に見える形にした時計を思い浮かべてください。基本的に、時計の針が動いて通り過ぎていく点のイメージが折れ線グラフのような continuous な時間です。
　その過ぎていく時間に、始まる時間と終わる時間の境界線を設けて、区切りを作った場合に、棒線グラフのような discrete なイメージになります。日本語では時間、期間、時期、時代、回数、度数、倍数などと訳されます。

▶ his times

In Tokugawa's times, the samurai used swords.

　p.248 絵 290 は徳川時代には侍は着物を着て刀を差していた様子を描きました。その時代を徳川家が所有していることを表現する場合は所有格を使い、Tokugawa's times と言います。徳川家の、シェイクスピアの時代、のように人名で時代を表すときに所有格を使い、Tokugawa's times, Shakespeare's times と言います。

In Shakespeare's times, there were some tyrannical kings.
　(in the times of Shakespeare)
　(シェイクスピアの時代には、暴君の王様が何人かいた)

　his times のように time に -s をつけると、discrete な時間とイメージします。始まりと終わりが境界線で区切られている期間を所有しているとイメージします。

年表を見て客観的に存在する actual な時代を思い浮かべてください。

時代は始まりと終わりの境界線で区切れる discrete な期間です。

水や空間、時間は、普通は連続していて、りんごやワイングラス、自動車のように個々に独立した形のイメージを思い浮かべることが非常に困難です。さらに、流れている水や広い空間、動いている時間の一点に焦点を当て、指さして限定するイメージを思い浮かべることも困難です。私は今もたくさんの例文を見て、例文の the water や the space や the time は、continuous なものなのか、discrete なものなのか、ネイティブに尋ねています。

some water, a lot of water, some space, much space, some time のように、量を表すことばを使って -s をつけない場合は、continuous なものです。

some waters, the waters, the spaces, the times のように、-s をつけたり、a water, a space, a time のように a を使う場合は discrete なものだとはっきりわかります。

明確なことばで表現されている場合にはすぐにわかりますが、the water, the space, the time, my time のように the や my を使って、-s がつかない場合には、continuous なものなのか、discrete なものなのかを判断し、イメージするのは非常に困難です。ネイティブも同様に、判断に苦しんでいました。

私がそれぞれのイメージを何度もネイティブに確かめながら、本書を書いているにもかかわらず、英語がネイティブではない私がつい忘れてしまうことは、英語のネイティブスピーカーの世界には、りんごには「切ったりんご」と、「丸ごとのりんご」が常に存在しているように、水、空間やスペースにも、そして時間にも、連続している continuous なイメージと、分離している discrete なイメージが常に存在している、ということです。

つまり辞書で使われる単語、[water] や [space][time] には continuous なイメージと、discrete なイメージが常にある、ということです。どのようなイメージのものなのかは、単語を学ぶたびに学習しなければなりません。そしてどのようなイメージが慣習的に使われるか、多くの英語に出会う必要もあります。

その時に今まで紹介してきた基本的なクライテリアとなるイメージを応用し、連想してみてください。

the truth, beauty, his virtues

　抽象的なコンセプトの「真」[truth] や「美」[beauty] や「善」[virtue] に -s をつけるのか、∅(ゼロ)の名詞句にするのか、どの限定詞を使うのか、基本的なクライテリアとなるイメージを応用し、連想して、考察してみました。

　すでに the truth と a truth の違いについては私の経験に触れました。
　[truth] は大修館ジーニアス英和大辞典にも書かれているように、the truth のように、しばしば the が使われます。
　the truth は連続している continuous なイメージで、数えられない uncountable です。the を使うことで、どのことかを限定するイメージになります。the time が p.242 絵 285 のように、限定された時計の 1 時点をイメージするように、the truth も限定された 1 点をイメージしてみてください。
　分離している discrete で、数えられる countable な the truths, a truth は絵 286、287 のように境界線で区切られた事柄をいくつかイメージしてみてください。

　[truth] は [time] と同様、目に見えない抽象的な概念です。このような抽象的なことばの場合に the を使い、the truth とすると、actual か virtual か、continuous か discrete か、ネイティブでもすぐにイメージすることができません。

　the water は、actual で continuous なイメージです。
　the water には virtual なイメージも、discrete なイメージもありません。
　virtual なイメージを表す場合は ∅ の名詞句にして water と言います。
　discrete なイメージを表す場合は、-s か a を使い the waters, a water と言います。
　the water のイメージを応用し連想すると、the truth も同様に、actual で continuous なイメージだと推察できます。
　以上のことから、the truth は p.210 絵 253 のプールの中の水のように、actual に限定された continuous な「真実」だとイメージできます。
　その「真実」を境界線で区切って幾つかに分離したひとつが a truth で、それら分離した「真実」をまとめると the truths になります。

　はじめはこれらの抽象的なことばに the をよく使うのではないか、と思っていましたが、調べてみるとそのようなことはありませんでした。
　抽象的なコンセプトの「真」や「美」や「善」では、the truth のように the をつけてよく使うことば、beauty のように限定詞は何も使わないで virtual なイメージでよく使われることば、そして his virtues のように、discrete なイメージでよく使われることばがあります。

　beauty は連続している continuous なイメージで、「美」と訳されています。
　分離している discrete な beauties は「ひと」のイメージになり、「美人」と訳されています。また、the beauties of nature は「美しい場所」というイメージです。the で場を限定しています。
　virtue は連続している continuous なイメージでは「美徳」「善」「徳」などと訳されています。his virtues のように、分離している discrete なイメージでは「個々の道徳的美点」「長所」などと訳されています。

　参考までに、次のことばは数少ない連続している continuous なイメージだけを持っていることばです。
　　information　　knowledge　　learning　　evidence　　advice　　encouragement
　　assistance　　help　　health　　dependence　　furniture　　equipment

本書を通して英語のクライテリアとなるイメージを洞察することを願って

　ここまで書いてきてあらためて思うことは、英語の「名詞」とは、限定詞を使って名詞句にしてこそ、初めて成立するものなんだなぁということです。辞書原型のままの、限定詞を使わない∅(ゼロ)の名詞句は、頭の中で抽象化した典型的でバーチャルなイメージの「もの」になってしまうのです。今までの私の英会話を振り返ってみると、実にあいまいな英語でした。聞き手であるネイティブが、そのつど限定詞を補って聞いてくれていたことに気づきました。逆に日本語は明確に表現しなくても、あいまいでも良いという利点があることを発見しました。

　私の場合、会話だけでなく、書く英文もあいまいでした。アメリカの大学に在学中、レポートを提出する際に英文をネイティブにチェックしてもらうと、いつももっと specific に書くようにと注意されました。ところが当時は specific にするということすら理解できませんでした。明確に、詳細に、具体的にという specific の意味はわかっていても、実際にどのようにしたらいいのかわからなかったのです。英語の文では名詞には限定詞(a/some, the, my など)を使い、the を使った場合はどれ(which one?)を指すのかを説明して、specific に、つまり明確に、詳細にしなければならなかったのです。日本語のように余韻を残して、聞き手の想像力や洞察力を当てにはできないのです。

　また英語の世界では、聞き手や読み手が話を理解できるかどうかは、書き手や話し手の表現力に責任があります。英語で話すとき、書くときには、なるべく詳しく説明することを心がけましょう。特に the を使う場合、どれを指しているのか、ひと言つけ加えましょう。

　私の友人に、日本人が書いた英文のチェックをよく頼まれるという人がいます。その人いわく、日本人が書いた英文をチェックすることがどんなに大変な作業であるかをわからずに気楽に頼んでくると、嘆いていました。アメリカ人の夫も同様に、日本人から英語のネイティブチェックを頼まれることがしばしばありますが、たいていは、書いた本人に内容を確認しなければならず、非常に時間がかかると言います。それは大変ストレスのかかる仕事になるので、彼は引き受けたがりません。

　また、バイリンガルの息子はビジネスレターや論文の英語を直すように頼まれた場合には、あえて日本語のままでもらうそうです。英語だけでは意味がわからないそうです。書き手がどの限定詞を選びたいのか、the のついた名詞は何を指しているのかさえ不明なことが多いので、どう直したらいいのかわからないようです。で

すから日本語から書き手の意図を汲みとって、英語に意訳するほうが早いそうです。あいまいな日本語を直接 specific な、明確な、詳細な英語には翻訳できないのです。本書を通して、日本語から英語への翻訳をする場合には、細やかな注意が必要であるということを理解していただけたら幸いです。

　本書では名詞のほんの一部を代表的な例として紹介しました。ここで取り上げた例のイメージからほかのことばにもそのイメージを応用し、連想してみてください。多くの単語を覚えるだけでなく、クライテリアとなるイメージを洞察しましょう。「英語のクライテリア」を使うことで、英語の世界に飛び込んでください。

　英語の世界で「もの」を見、英語で考え、英語で表現するには、多少の忍耐と努力が必要ですが、可能なことです。前著『ネイティブの感覚で前置詞が使える』と本書が皆様にとって、英語のさらなる理解へのお手伝いができるようにと願っています。

　最後に、長期間にわたって本書の制作にご協力いただいた武田綾さん、心から感謝しています。そして膨大なイラストの量にもかかわらず快く引き受けて描いてくださったマリさん、本当にありがとうございました。

　本書の企画を後押ししてくださったベレ出版の新谷友佳子さん、貴重なアドバイスをしていただいた大石裕子さん、心から感謝しています。ありがとうございました。

　今から 40 年以上も前に、言語と数学はイメージを表現していることを故 Dr. Caleb Gattegno に気づかされました。そのとき以来、ネイティブスピーカーの抱いているイメージを探求し続けてきた結果を本書にまとめることができました。本書で提示したクライテリアとなるイメージを、読者の皆様と共有できることを心から願ってやみません。

著者紹介

ロス 典子（ロス・のりこ）

▶ 法政大学文学部英文科卒
ワシントン州立大学卒 English BA 取得。
ウィスコンシン州立大学卒 English MA 取得。
元法政大学英語講師。

監修
ピーター・ロス
ウィスコンシン州立大学応用言語学 MA 取得。
コロンビア大学 MEd 取得。
現在、東京経済大学英語准教授。

◉── カバーデザイン　　糟谷 一穂
◉── DTP・本文図版　　清水 康広（WAVE）
◉── 本文デザイン　　ISSIKI

ネイティブの感覚で冠詞が使える

2020 年 3 月 25 日　　　初版発行

著者	**ロス 典子**
発行者	内田 真介
発行・発売	ベレ出版 〒162-0832　東京都新宿区岩戸町12 レベッカビル TEL.03-5225-4790 FAX.03-5225-4795 ホームページ　http://www.beret.co.jp/
印刷	モリモト印刷株式会社
製本	根本製本株式会社

ISBN 978-4-86064-609-7 C2082　　　　　　　　　　編集担当　大石裕子